Hundeführerschein

Grundwissen Gefahrenvermeidung im Umgang mit Hunden

Hildegard Jung
Ulrike Falbesaner
Dorothea Döring-Schätzl

Herausgegeben von der
Bayerischen Landestierärztekammer und dem
Institut für Tierschutz, Verhaltenskunde und Tierhygiene der
Tierärztlichen Fakultät der Ludwig-Maximilians-Universität München.

Der „Hundeführerschein – Grundwissen Gefahrenvermeidung im Umgang mit Hunden“ ist ein Gemeinschaftsprojekt der Bayerischen Landestierärztekammer, des Instituts für Tierschutz, Verhaltenskunde und Tierhygiene der Ludwig-Maximilians-Universität München und des Arbeitskreises „Grundkurs Hundeführerschein in Bayern“.

Dieses Buch ist Lehrmaterial für den Theoriekurs „Hundeführerschein – Grundwissen Gefahrenvermeidung im Umgang mit Hunden“.

Autorinnen:
Dr. med. vet. Hildegard Jung
Verhaltenstherapie
München

Dr. med. vet. Ulrike Falbesaner
Fachtierärztin für Verhaltenskunde
Maisach

Dr. med. vet. Dorothea Döring-Schätzl
Fachtierärztin für Verhaltenskunde
München

Fotos von:
Dr. Dorothea Döring-Schätzl
Dr. Hildegard Jung
Jung
Bernd Schmaling

Zeichnungen von:
Dr. Dorothea Döring-Schätzl

ISBN 3-934302-05-X

Bezug dieses Buches über:
Bayerische Landestierärztekammer
Bavariastr. 7 a
D-80336 München

Tel.: 089 / 21 99 08 0
Fax: 089 / 21 99 08 33
E-mail: kontakt@bltk.de
Druck: Hofmann Druck Augsburg

Vorwort

Hunde sind außerordentlich anpassungsfähig. So erklärt es sich, daß die überwiegende Mehrheit der Hunde unauffällig und problemlos mit uns Menschen zusammen lebt. Aber eben nicht alle Hunde.
Die aufrüttelnden Pressemeldungen über einzelne Hunde, die Menschen durch Bisse schwer verletzten bzw. töteten, haben nicht nur zu größerem Verantwortungsbewußtsein bei erfreulich vielen Hundehaltern geführt, sondern auch zur Verschärfung entsprechender Rechtsvorschriften.

Die Tierärzte sind der Meinung, daß an der Rasse festmachende Regelungen das Problem nicht lösen. Deshalb versuchen speziell fort- und weitergebildete Tierärztinnen und Tierärzte, daß möglichst viele Hundehalter auf freiwilliger Basis lernen, wie sie ihren Hund unter Kontrolle bringen – sei es nun ein Chihuahua, ein Dalmatiner oder ein Dobermann. Denn jeder Hund kann beißen, und eine große Zahl an Bissverletzungen fügen Hunde – unbeachtet von der Presse – ihrer eigenen Familie zu. Nicht weil diese Hunde böse sind, sondern weil wir Menschen eklatante Fehler im Umgang mit Hunden machen. Und weil wir gefährliche Situationen nicht rechtzeitig erkennen oder weil wir im entscheidenden Moment falsch reagieren. Dabei sind die meisten Hundebisse vorhersehbar und daher durchaus vermeidbar.
Um Gefahren für uns und andere zu vermeiden, brauchen wir fundiertes Wissen: Wissen über das normale Hundeverhalten sowie über die Situationen, in denen ein Hund gefährlich werden kann, und nicht zuletzt Wissen darüber, wie man seinen Hund richtig erzieht.
Deshalb bieten Tierärzte bayernweit in Zusammenarbeit mit der Bayerischen Landestierärztekammer und dem Institut für Tierschutz, Verhaltenskunde und Tierhygiene der Tierärztlichen Fakultät der Ludwig-Maximilians-Universität München den Kurs „Hundeführerschein – Grundwissen Gefahrenvermeidung im Umgang mit Hunden“ an, der das nötige Grundwissen über Erziehung und Verhalten von Hunden vermittelt, um gefährliche Situationen möglichst zu vermeiden.
Der Hund als der beste Freund des Menschen behält seinen Platz in unserer Gesellschaft nur dann, wenn alle Hundebesitzer rücksichtsvoll mit wohlerzogenen Vierbeinern in der Öffentlichkeit auftreten.

München, im August 2001

Dr. H. Jung
Initiatorin des Arbeitskreises
„Grundkurs Hundeführerschein
in Bayern“

Prof. Dr. G. Pschorn
Präsident der
Bayerischen
Landestierärztekammer

Prof. Dr. M. Erhard
Dr. D. Döring-Schätzl
Institut für Tierschutz,
Verhaltenskunde und Tierhygiene
Universität München

Inhalt

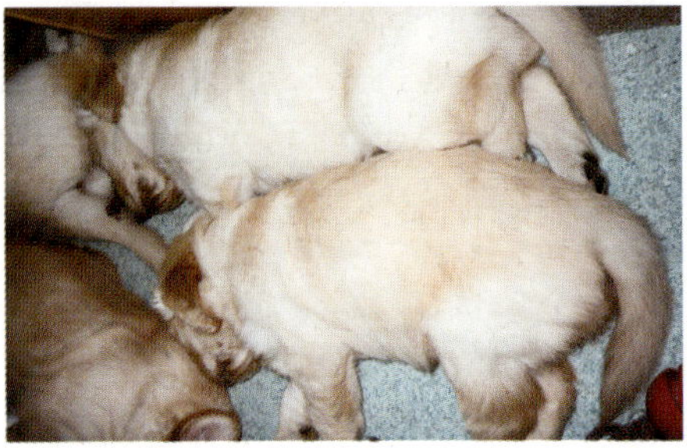

Foto: H. Jung

Familie: Hund und Familie

Etwa zwei Drittel der Bissverletzungen durch Hunde erfolgen in der eigenen Familie des Hundes. Kinder sind besonders häufig das Opfer. Deshalb sollte man von Anfang an darauf achten, daß das Zusammenleben zwischen Hund und Mensch in geregelten Bahnen verläuft. **Seite 58**

Öffentlichkeit: Der Hund in der Öffentlichkeit

Wenn Sie sich mit Ihrem Hund korrekt und rücksichtsvoll benehmen wollen, müssen Sie auf viele Punkte achten. Hunde können Menschen nicht nur durch Bisse verletzen, sondern auch z.B. durch zu wildes Spiel gefährden oder zumindest erschrecken. **Seite 74**

Foto: D. Döring-Schätzl

Körpersprache: Mimik und Körpersprache

So erkennen Sie, ob ein Hund entspannt ist, Angst hat, spielen will oder droht. **Seite 88**

Konfliktsituationen: Wie verhalte ich mich bei drohenden Konflikten?

Wenn Sie von einem Hund bedroht werden, gilt es, geistesgegenwärtig zu sein. Lesen Sie hier, was Sie tun sollten, wenn Sie oder Ihr Hund auf einem Spaziergang in die Klemme geraten. **Seite 97**

Richtig reagieren

Im Ernstfall müssen Sie schnell und richtig handeln. Lesen Sie hier, was Sie tun müssen, wenn Ihr Hund beispielsweise das Baby anknurrt. **Seite 104**

Recht

Jeder Hundehalter muß bestimmte Gesetze kennen und beachten, um Gefahren zu vermeiden. **Seite 115**

Anhang:

Dieses Buch ist Lehrmaterial für den Theoriekurs „Hundeführerschein – Grundwissen Gefahrenvermeidung im Umgang mit Hunden". In dem ausschließlich von speziell geschulten Tierärzten durchgeführten Kurs werden die einzelnen Themen noch vertieft.
Beispielsituationen werden auch im Video gezeigt und besprochen. Außerdem haben Sie die Gelegenheit, selbst erlebte Problemsituationen zu erzählen und mit den kursleitenden Tierärzten zu diskutieren.
Der Kurs für Hundehalter schließt mit einem Multiple-Choice-Test ab. Bei Bestehen erhalten die Teilnehmer eine Bescheinigung der Landestierärztekammer.

Der Welpe: Welpenherkunft und Entwicklung

Dorothea Döring-Schätzl

Die „gute Kinderstube“

Herkunft und Aufzuchtbedingungen eines Hundes beeinflussen sein späteres Verhalten und seine Zukunft. Schlechte Haltungsbedingungen können sogar zu späteren Verhaltensstörungen führen. Welpen, die in einer dunklen Scheune oder in einem Zwinger aufwachsen, haben später häufig Probleme mit ihrer Umwelt. Sie erschrecken vor lauten Geräuschen und alltäglichen Gegenständen wie Autos oder einem Staubsauger, da sie diese in ihrer Welpenzeit nie kennengelernt haben. Wachsen Welpen ohne ausreichenden Kontakt zu Menschen auf, bleiben sie diesen gegenüber oft ein Leben lang mißtrauisch. Hat ein Hund in seiner Kindheit nicht genug Kontakt mit anderen Hunden, lernt er kein normales Sozialverhalten und hat später häufig Schwierigkeiten bei der Begegnung mit Artgenossen.

Kein Welpe sollte im Zwinger aufwachsen müssen!

Die Herkunft und Aufzuchtbedingungen eines Hundes beeinflussen sein späteres Verhalten ganz entscheidend. Häufig liegen hier die Wurzeln späterer Verhaltensstörungen.

„Sensible Phase“

In der Welpenentwicklung gibt es eine Zeitspanne, in der Erfahrungen mit der Umwelt und mit anderen Lebewesen unbedingt notwendig sind. Diese Phase liegt in den ersten drei Lebensmonaten (3. bis etwa 14. Lebenswoche). Man spricht von der „sensiblen Phase“, weil der Hund in diesem Alter besonders aufnahmefähig ist und grundlegende Erfahrungen machen muß. In dieser Zeitspanne erfolgt die Sozialisierung auf andere Hunde und Menschen, d.h. der Welpe lernt andere Lebewesen als Sozialpartner kennen und deren „Sprache“ verstehen.

Der Hund ist danach zwar auch noch sehr lernfähig. Wird die „sensible Phase“ jedoch nicht für die grundlegenden Erfahrungen genutzt, lassen sich diese Lernmängel meist nicht mehr aufholen.

Daher ist es unbedingt notwendig, daß Welpen besonders im Alter von 3 bis etwa 14 Wochen (und natürlich auch später) viele Kontaktmöglichkeiten zu anderen Hunden und Menschen – vom Baby bis zum Senior – haben. Mit

„Freunde" durch gelungene Sozialisierung.

5 bis 7 Wochen sind Welpen neuen Menschen und Tieren gegenüber ganz besonders aufgeschlossen.
In der „sensiblen Phase" kann sogar eine Sozialisierung auf andere Tierarten wie Katzen, Kaninchen usw. erfolgen. Dann wird der Hund später mit diesen Tierarten besser auskommen und ihnen gegenüber vermutlich weniger Jagdeifer zeigen. Wachsen Hunde- und Katzenwelpen miteinander auf, vertragen sie sich später mit größerer Wahrscheinlichkeit gut.

Mit 3 bis etwa 14 Wochen ist ein Welpe besonders lernfähig. In dieser „sensiblen" Lebensphase muß der Hund grundlegende Erfahrungen mit seiner Umwelt und anderen Hunden und Menschen machen, um sich gesund entwickeln zu können.

Welpe und Umweltreize: Was ist ein Staubsauger oder ein Auto?

Ein schöner Zwinger mit sauberem Betonboden oder eine idyllische Scheune auf einem Bauerhof in entzückender Landschaft: Ist das die richtige Heimat Ihres Traumwelpen? Vermutlich nicht, denn hier kann er nicht die Erfahrungen sammeln, die er im späteren Alltagsleben braucht. Soll sich ein Hund später im Straßenverkehr unbeeindruckt zeigen, muß er bereits als Welpe daran gewöhnt werden und Autos, Straßenbahnen oder Lastwagen kennenlernen. Soll der Hund später mit in Haus oder Wohnung leben, muß er beizeiten an Türglocke, Telefon oder Staubsauger gewöhnt werden und auch an für uns so selbstverständliche Dinge wie Zimmertüren oder Treppen. Da man vorher nie weiß, was einem Hund im Laufe seines Lebens alles begegnen oder passieren kann, sollte man einen Welpen bereits an so viele verschiedene Dinge wie möglich gewöhnen. Auf alle Fälle muß er die Geräusche und Gegenstände kennenlernen, die zu seiner späteren Umgebung gehören.
Nehmen Sie daher keinen Welpen zu sich, der in einem Zwinger (und sei er noch so gepflegt), in einer Scheune oder einem Keller aufgewachsen ist oder aus dubiosen, Ihnen unbekannten Verhältnissen, z.B. aus dem Ausland, stammt. Kaufen Sie keinen Welpen beim Hundehändler oder aus einem Zoogeschäft, auch nicht beim Auslandsurlaub. Auch wenn das kleine Kerlchen Ihr Mitleid erregt, sollten Sie nicht „weich" werden. Finden sich Abnehmer für Welpen aus schlechten Aufzuchtbedingungen, geht das Geschäft mit ihnen weiter, und es wird umso mehr bedauernswerte Vierbeiner geben. Das Risiko, daß Sie einen Hund erwerben, der später Verhaltensprobleme macht, ist viel zu groß.

Welpen sollten behutsam an die üblichen Haushaltsgegenstände gewöhnt werden.
Foto: H. Jung

Am besten sehen Sie sich den Ort an, an dem Ihr Welpe aufwächst. Lebt er mit im Haushalt? Hat er Zugang zum Garten? Erlebt er sowohl in der Wohnung als auch draußen unter freiem Himmel all die Dinge, die ihn auch später umgeben werden? Dann scheint es sich um eine gute Welpenhaltung zu handeln. Wenn Sie den Hund übernommen haben, ist es dann Ihre Aufgabe, den Hund behutsam fremde Gegenstände kennenlernen zu lassen.

Ein Welpe muß in den ersten drei Lebensmonaten möglichst viele Geräusche und Gegenstände kennenlernen, die zu seiner späteren Umgebung gehören. Nehmen Sie daher keinen Welpen zu sich, der in einem Zwinger, in einer Scheune oder einem Keller aufwächst oder aus unbekannten Verhältnissen stammt. Am besten ist es, wenn ein Welpe in einem Haushalt mit Garten aufwächst und am Alltagsleben teilhat.

Welpe und Artgenossen: Vom Chihuahua bis zur Dogge

Welpen müssen Hunde verschiedener Rassen und Altersstufen kennenlernen, um richtiges Sozialverhalten lernen zu können.

Die Verständigung mit Artgenossen ist einem Hund nur teilweise angeboren. Welpen müssen die „Sprache" der Hunde durch Kontakt mit anderen Welpen und erwachsenen Hunden erst richtig lernen und verfeinern. Daher ist es für die Entwicklung des Hundes ganz wichtig, daß er nicht alleine, sondern zusammen mit anderen Hunden aufwachsen

kann. Der Mensch alleine als Sozialpartner reicht nicht aus. Ein Hund, der seine Artgenossen nicht bereits als Welpe kennenlernen und mit ihnen soziales Verhalten – z.B. im Spiel - üben konnte, wird später häufig ängstlich, unsicher oder sogar aggressiv reagieren, wenn er andere Hunde trifft.
Da es Rassen in den unterschiedlichsten Erscheinungsformen gibt, ist es ratsam, den Welpen mit Artgenossen verschiedener Altersstufen und Rassen zusammenzubringen. Dies ist sowohl die Aufgabe des Züchters als auch die Ihre, wenn Ihr Welpe zu Ihrem Haushalt gehört (siehe auch Kapitel Hundeschule).

Für die Entwicklung des Hundes ist es unbedingt nötig, daß er nicht alleine, sondern zusammen mit anderen Hunden aufwachsen kann. Wählen Sie daher nur einen Welpen, der mit Mutter und Geschwistern gemeinsam aufwächst und auch mit anderen Hunden Kontaktmöglichkeiten hat. Gewähren auch Sie nach Übernahme des Kleinen möglichst täglich den freien Kontakt mit anderen Hunden.

Welpe und Menschen: Lauter nette Leute

Ebenso wie der Kontakt zu anderen Hunden unbedingt notwendig für den Welpen ist, so ist es auch der Kontakt zu Menschen.
Man hat festgestellt, daß Hunde, die ohne menschlichen Kontakt aufwachsen mußten, später Menschen gegenüber mißtrauisch und scheu reagieren, nicht selten ihr Leben lang! Manch ein Aggressionsproblem Fremden, Passanten oder Besuchern gegenüber läßt sich auf Haltungsmängel in der „sensiblen Phase" zurückführen. Solch ein Hund fühlt sich unsicher, wenn er von einem Fremden angesprochen oder angefaßt wird, und versucht, durch Bellen oder Knurren den Menschen auf Abstand zu halten. Lernt ein Welpe Menschen unterschiedlichen Alters und Aussehens kennen, begegnet er Menschen später meist viel sicherer und friedlicher. So sollten Welpen in den ersten drei bis vier Lebensmonaten die unterschiedlichsten netten Leute kennenlernen: z.B. schreiende Babies, stürmische Schulkinder, Erwachsene mit Regenschirm, Senioren mit Krückstock, Menschen in Uniform oder auffälliger Kleidung (Postbote, Motorradfahrer), Behinderte, Radfahrer, Jogger, Rollschuhfahrer usw. Hat der Welpe mit all diesen Menschen gute Erfahrungen gemacht, läßt er sich später kaum noch erschüttern.

Welpen brauchen den Kontakt zu Menschen.

Wo bekomme ich einen kinderfreundlichen Hund?

Die besten Voraussetzungen für einen kinderfreundlichen Hund sind gegeben, wenn bereits der Welpe mit Kindern aufwachsen kann und wenn er mit diesen nur gute Erfahrungen macht. So lernt der Welpe die Körpersprache der Kinder kennen und verstehen und fühlt sich nicht von ihnen bedroht. Ein Hund, der erst im Erwachsenenalter Kinder kennenlernt, kann deren lautes, stürmisches und unberechenbares Verhalten häufig schlecht einschätzen und reagiert womöglich ängstlich oder aggressiv. Dadurch kann es zu sehr gefährlichen Situationen kommen! Die beste Vorsorge ist also ein behutsam an Kinder gewöhnter Welpe.

Wählen Sie daher einen Welpen, der in einem Haushalt mit Kindern, zumindest jedoch mit Kontaktmöglichkeiten zu Kindern, aufwächst und bereits viele unterschiedliche Menschen kennengelernt hat. Haben Sie den Hund übernommen, sollten Sie verschiedene Begegnungen arrangieren, den Hund überallhin mitnehmen und häufig Besuch einladen.

Dieser Hund ist kinderfreundlich, denn er wurde gut auf Kinder sozialisiert.
Foto: D. Döring-Schätzl

Damit ein Hund Menschen ohne Angst begegnen kann, ist es unbedingt nötig, daß er in den ersten drei Lebensmonaten (in der „sensiblen Phase") ausreichend Kontakt zu Menschen unterschiedlichen Alters und Aussehens hat. Er sollte sowohl beim Züchter als auch bei seinem Besitzer möglichst oft ganz verschiedene nette Leute kennenlernen. Wächst ein Welpe zusammen mit Kindern auf und macht er mit diesen positive Erfahrungen, wird er mit größerer Wahrscheinlichkeit später ein kinderfreundlicher Hund werden.

Wo bekomme ich den richtigen Welpen?

Zuerst einmal stellt sich die Frage, welche Eigenschaften der „richtige" Welpe haben sollte.

Informieren Sie sich bitte vorab unbedingt genau über die Eigenschaften der von Ihnen gewünschten Rasse. Vorsicht bei „Moderassen“! Wird eine Hunderasse aufgrund einer Fernsehsendung oder wegen ihres Aussehens beliebt, verleitet dies unseriöse Züchter, Elterntiere nur aufgrund ihrer Schönheit zu verpaaren, nicht aber auch auf Gesundheit und tadellose Charaktereigenschaften zu achten. Da sich die Veranlagung zu diesen Eigenschaften aber ebenso vererbt, hat der Halter später womöglich mit einem Hund zu kämpfen, der aufgrund seiner angeborenen Neigung zu Ängstlichkeit oder Aggressivität Probleme macht.

Viele Gebrauchshunderassen (z.B. viele Jagd-, Schlitten-, Hüte- und Herdenschutzhundrassen) eignen sich ganz und gar nicht als Großstadt- und Familienhunde, auch wenn sie hübsch oder ausgefallen aussehen (siehe auch Kapitel Hundekunde).

Neben der Auswahl der richtigen Rasse spielt vor allem die Herkunft des Welpen eine große Rolle (s.o.). Beachten Sie zur Welpenauswahl daher bitte folgende Checkliste.

Checkliste zur Welpenauswahl

Folgende Kriterien sollte die „gute Kinderstube“ des Welpen Ihrer Wahl erfüllen:

- Haltung in der Familie im Haus, möglichst mit Zugang zum Garten
- keine Zwingerhaltung oder Haltung in Scheunen, Ställen oder ähnlichen Gebäuden
- Kontaktmöglichkeiten mit verschiedenen Menschen, v.a. mit Kindern
- Kontaktmöglichkeiten zu anderen Hunden
- die Mutterhündin ist freundlich und läßt sich von Ihnen anfassen
- Sie dürfen die Welpen vor der Abgabe (auch mehrfach) besuchen und anfassen
- beide Elterntiere sind gesund und haben ein friedliches, nicht aggressives Wesen (bei Rassehunden Gesundheitszeugnisse und Wesensbeurteilung zeigen lassen)
- der Züchter gewöhnt die Welpen bereits behutsam an die üblichen Dinge des Alltags, z.B. ans Autofahren

Seien Sie mißtrauisch und verzichten Sie auf den Welpen:

- wenn der Züchter Welpen unterschiedlicher Rassen gleichzeitig anbietet
- wenn der Züchter mehrere Würfe zur gleichen Zeit aufzieht
- wenn die Tiere in Zwingern gehalten werden
- wenn Sie sich die Zwinger oder Räume, in denen die Tiere gehalten werden, nicht ansehen dürfen (manchmal dürfen Besucher aus angeblich hygienischen Gründen die Haltungsräume nicht betreten und be-

kommen die Hunde in einem Schauraum vorgeführt. Lehnen Sie dann den Kauf ab!)
- wenn die Haltung ungepflegt (verdreckt) ist
- wenn Sie die Elterntiere (zumindest die Mutter) nicht sehen und anfassen können
- wenn die Elterntiere aggressives Verhalten gegenüber Besuchern (z.B. Ihnen gegenüber) zeigen

Informieren Sie sich vor der Anschaffung eines Welpen ganz genau darüber, was Sie erwarten wird und welche Eigenschaften die von Ihnen gewünschte Rasse hat.
Wählen Sie einen Welpen, der in engem Kontakt mit der Züchterfamilie im Haushalt aufwächst, zu Kindern, fremden Menschen und anderen Hunden viel Kontakt hat und dessen Eltern (zumindest die Mutter) Sie sehen und streicheln können.

Das richtige Alter für den Erwerb

Der Welpe sollte mindestens 8, besser etwa 10 Wochen alt sein, wenn Sie ihn in Ihren Haushalt übernehmen. Denn der Kleine braucht seine Hundefamilie, also Mutter und Geschwister, bis zum Alter von 8 Wochen ganz nötig. Wenn Ihr Hund von einem verantwortungsvollen Züchter stammt, gewährleistet dieser bis zur Abgabe eine gute Sozialisation (also ausreichend Kontakt zu Menschen und Hunden).
Gehen Sie den Welpen mehrmals besuchen und erleichtern Sie ihm die Umstellung, indem er Sie und ihre Familie bereits vor der Übernahme kennenlernen kann.

Ein Welpe sollte nicht früher als mit 8 Wochen von seiner Hundefamilie getrennt werden. Ein gutes Abgabealter liegt bei etwa 10 Wochen.

Die Beißhemmung ist nicht angeboren

Welpen haben spitze Zähne, mit denen sie kräftig zwicken können. Dabei weiß ein Welpe noch nicht, wie stark er zupacken darf, damit es dem anderen nicht wehtut. Dies muß der Hund erst lernen. Man muß ihm die Beißhemmung anerziehen. Der Welpe lernt, sein Maul „richtig dosiert" einzusetzen, wenn er mit anderen Welpen spielt. Zwickt er im Spiel zu fest, schreit der andere auf, zwickt zurück oder bricht das Spiel schlagartig ab. Der Welpe lernt so: „Wenn ich zu fest zupacke, ist der Spaß vorbei".
Wenn Sie einen Welpen übernehmen, hat er die Beißhemmung noch nicht vollständig gelernt. Sie müssen sie ihm bis zum Alter von 18 Wochen beibringen. Wenn Sie im Spiel gezwickt werden, schreien Sie daher laut auf (z.B. „Au!") und brechen Sie sofort das Spiel ab, z.B. indem Sie sich schlag-

„Hätte ich ihm doch bloß die Beißhemmung beigebracht!"

artig von Ihrem Hund abwenden. Versuchen Sie nicht, den Kleinen abzuwehren, weil er das als weiteres Spiel verstehen könnte, und werden Sie nicht grob, da dies das Vertrauensverhältnis zu Ihnen beeinträchtigen kann (siehe auch Kapitel Spiel).
Besuchen Sie außerdem mit Ihrem Welpen eine gute Welpenspielgruppe und ermöglichen Sie ihm bei Spaziergängen viel Kontakt mit anderen Hunden. Denn das Spiel mit Artgenossen, v.a. mit gleichaltrigen, ist ganz wichtig, damit Ihr Welpe richtiges Sozialverhalten sowie die Beißhemmung erlernen kann.

Hunde müssen die Beißhemmung bis zur 18. Lebenswoche lernen. Dies geschieht im Spiel mit anderen Welpen, muß aber auch beim Spiel mit Menschen konsequent erfolgen.

Die Sozialisierung geht weiter ...

Als stolzer Welpenbesitzer hat man nicht nur Freuden, sondern auch Pflichten. Denn nun sind Sie für die weitere Entwicklung des Kleinen verantwortlich. Da sich Ihr Welpe noch mitten in der „sensiblen Phase" befindet, wenn Sie ihn mit 2 bis 3 Monaten übernehmen, müssen nun Sie die Kontakte mit Menschen, Hunden und all den Dingen des Alltags (wie oben beschrieben) gewähren. Folgende Checkliste soll Ihnen dabei helfen. Beachten Sie jedoch bitte, daß Sie bei allem Eifer Ihren Welpen nicht überfordern. Wenn er sich erschreckt, ermüdet, gähnt, sich kratzt, sich das Maul leckt oder sich hinlegt, ist es für Sie das Zeichen, daß Sie von dem Kleinen zu viel verlangen und in Zukunft behutsamer vorgehen müssen.

Checkliste zur Welpengewöhnung

Gewöhnen Sie Ihren Welpen behutsam an alles, was für sein späteres Leben nötig ist.

Gewöhnung an Menschen:

- Haben Sie Freunde, Nachbarn oder Bekannte mit Kindern unterschiedlichen Alters? Dann treffen Sie sich doch mit ihnen, oder nehmen Sie den Welpen dorthin mit, wo es viele Kinder gibt.
- Laden Sie häufig Besuch ein.

- Zeigen Sie Ihrem Hund Radfahrer, Jogger, Rollschuhfahrer usw.
- Nehmen Sie den Kleinen mit z.B. zum Einkaufen in die Fußgängerzone, zum Üben des Straßenbahnfahrens, in den Biergarten oder ins Cafe usw.
- Bringen Sie Ihrem Welpen im Spiel die Beißhemmung bei.

Gewöhnung an andere Hunde:

- Gehen Sie in eine gute Hundeschule oder auf einen guten Hundeplatz, wo Ihr Hund Gleichaltrige trifft, mit ihnen spielen kann, mit neuen Umweltreizen konfrontiert wird und Sie wichtige Anleitung erhalten zur hundefreundlichen Erziehung (Welpenspielgruppe, siehe auch Kapitel Hundeschule).
- Wenn Ihnen beim Spaziergang ein fremder Hund begegnet, sollten Sie Ihren Welpen nicht ängstlich auf den Arm nehmen, sondern ihm die Gelegenheit geben, den Kontakt zu seinem Artgenossen herzustellen.
- Suchen Sie gezielt Orte auf, an denen viele Hunde sind und wo Ihr Welpe ohne Leine mit den anderen spielen kann.

Gewöhnung an andere Tiere:

- Zeigen Sie Ihrem Welpen andere Tierarten, vom Zwergkaninchen bis zum Pferd.
- Gewöhnen Sie ihn an (hundeerfahrene, freundliche) Katzen, wenn dies möglich ist.

Gewöhnung an Alltagsgegenstände und -geräusche:

- Gewöhnen Sie Ihren Welpen behutsam an die Haushaltsgeräte, die Sie verwenden.
- Gewöhnen Sie ihn ans Autofahren, Busfahren usw.
- Gehen Sie (mit dem Hund an der Leine) an befahrenen Straßen spazieren, damit sich der Welpe an Straßenverkehr gewöhnt.
- Machen Sie verschiedene Geräusche, an die Sie Ihren Welpen gewöhnen möchten (läuten Sie an Ihrer eigenen Haustür, lassen Sie einen scheppernden Eimer hinfallen, spielen Sie ein Musikinstrument).

Gewöhnung an Untergründe und Förderung des motorischen Lernens (Bewegungslernen):

- Gehen Sie mit Ihrem Junghund an Orte mit unterschiedlicher Bodenbeschaffenheit (harte oder weiche Böden, Kies, Pflaster, hohes Gras, Felsen usw.). Treppensteigen oder rutschige Böden überfordern sehr junge Hunde jedoch noch, da es mit ihrer Bewegungskoordination noch nicht so gut klappt.
- Lassen Sie Ihren Hund auf und über kleine Hindernisse klettern (Baumstämme, große Steine, Balken usw.), wenn er dies bereits körperlich bewältigen kann.

Setzen Sie Futterbelohnungen bei den Gewöhnungsübungen ein, damit Ihr Hund mit allen und allem wirklich positive Erfahrungen macht.

Gehen Sie behutsam vor und achten Sie unbedingt darauf, den Hund nie zu überfordern. Wenn der Welpe müde und nicht mehr aufnahmefähig ist, hat der Ausflug oder die Übung zu lange gedauert. Gewähren Sie dem Kleinen die Ruhepausen, die er benötigt, und gestalten Sie die nächsten Gewöhnungsübungen nicht mehr so anstrengend.

Die Sozialisierung des Welpen und die Gewöhnung an die Umwelt sind auch die Aufgaben des neuen Besitzers. Bringen Sie Ihren Welpen unter Menschen und Hunde, gewöhnen Sie ihn an Geräusche und Alltagsgegenstände und fördern Sie sein Bewegungslernen, indem Sie ihn klettern und kleine Hindernisse überwinden lassen. Aber achten Sie unbedingt darauf, den Kleinen dabei nicht zu überfordern.

Wissen ist wichtig

Wenn Sie sich erstmalig einen Hund anschaffen und ihn erziehen wollen, reicht es nicht aus, nur die Informationen dieses Hundeführerscheins zu lernen. Kaufen Sie sich Bücher (siehe Literaturliste im Anhang), besuchen Sie eine gute Hundeschule (siehe Kapitel Hundeschule) und wenden Sie sich bei Fragen oder Problemen an entsprechende Fachleute. Dann viel Spaß mit Ihrem Welpen!

Ein Hund aus dem Tierheim kann ein „Überraschungspaket“ sein. Foto: Jung

Hunde aus Tierheimen

Wenn man sich einen Hund aus dem Tierheim nehmen möchte, sollte man sich bewußt sein, daß es sich bei dem Vierbeiner um ein regelrechtes „Überraschungspaket“ handeln kann. Und die Überraschung kann erfreulich sein, aber auch sehr unerfreulich, wenn sich das Tier als Problemfall entpuppt. Sie wissen nicht, unter welchen Bedingungen der Hund aufgewachsen ist, welche Erfahrungen er in der „sensiblen Phase“ machen konnte, welche anderen Erlebnisse er hatte, wovor er Angst hat und bei was er aggressiv reagieren könnte. Häufig ist gerade ein problematisches Verhalten dafür verantwortlich, daß ein Hund ins Tierheim abgegeben wird. Wenn Sie erfahren sind und sich einen Tierheimhund zutrauen, informieren Sie sich bitte so gut es geht über die Vorgeschichte und das Verhalten Ihres Schützlings. Gehen Sie vor der Übernahme häufig ins Tierheim, besuchen Sie „Ihren“ Hund, führen Sie ihn aus und nehmen Sie ihn ab und zu am Wochenende probeweise mit. So können Sie sich wenigstens ein ungefähres Bild davon machen, was Sie mit diesem Hund erwartet. Denn dem Hund ist mit einer unüberlegten Übernahme und womöglich erneuten Abgabe ins Tierheim nicht geholfen.

Gleiches gilt selbstverständlich auch für die Übernahme eines Hundes aus „zweiter Hand“ über Zeitungsannoncen oder ähnliches.

Hunde aus Tierheimen können regelrechte „Überraschungspakete“ sein, da über ihre Herkunft und Vorgeschichte häufig wenig bekannt ist. Wenn man sich für einen Tierheimhund entscheidet, sollte man sich die Zeit nehmen, ihn vor der Übernahme recht gut kennenzulernen.

Hundekunde: Hund ist nicht gleich Hund

Hildegard Jung

Bevor man sich einen Hund anschafft, sollte man sich intensiv überlegen, ob man die Zeit für einen Hund hat, und wenn ja, welcher Hund unter den aktuellen Lebensumständen zu einem paßt.
Nicht jede Rasse, nicht jeder Mischling liebt ein Leben zwischen Couch und Grünanlage!
Unsere Hunderassen unterscheiden sich nicht nur im Aussehen, sondern auch in ihrem Verhalten und ihren Bedürfnissen. Man hat die einzelnen Rassen für bestimmte Arbeitsrichtungen – wie Rennen, Jagen, Bewachen von Herden – gezüchtet. Dabei wurden bestimmte Eigenschaften verstärkt, andere gingen mehr oder weniger verloren. Wenn Sie einen kontaktfreudigen, nervenstarken, nicht zu aktiven Familienhund suchen, sind einige Gebrauchshunde und deren Mischlinge weniger geeignet.

Die beiden „Moderassen" Labrador und Dalmatiner brauchen viel Bewegung. Foto: Jung

„Weniger geeignet" bedeutet nicht grundsätzlich, daß alle Vertreter dieser Rassen sich für ein Familienleben schlecht eignen. Aber die Wahrscheinlichkeit, daß es in der einen oder anderen Richtung Probleme geben könnte, ist einfach höher. Die Liste im Anhang über Arbeitsrassen soll Ihnen bei der Auswahl des passenden Hundes helfen.

So gibt es Rassen, die ihr **Territorium** (Wohnung, Haus oder Garten) verteidigen sollen. Unter Umständen tolerieren diese Hunde Besucher weniger gut.

Daneben gibt es **Herdenschutzhunde,** die selbständig ohne den Menschen arbeiten sollen. Selbständig heißt im Klartext: Diese Hunde gehorchen schlecht und ordnen sich dem Menschen schlecht unter. Diese Hunde sind dazu gezüchtet, die Schafherde mit den Zähnen vor streunenden Hunden oder vor Wölfen zu verteidigen. Beißvorfälle sind daher weitaus wahrscheinlicher als bei anderen Hunden. Herdenschutzhunde **sind als Familienhunde absolut ungeeignet!**

Auch andere Rassen wie manche Hirtenhunde, Windhunde oder Schlittenhunde sind sehr unabhängig, also häufig schwer erziehbar.

Jagdhundrassen hingegen sind meist sehr lebhaft und wegen ihres Jagdtriebes schwerer zu halten. Während Wölfe jagen müssen, um zu überleben, wollen wir dieses Verhalten bei unseren Haushunden meist nicht mehr (siehe Kapitel Spiel). Doch auch Vertreter anderer Rassen sowie Mischlinge können im Einzelfall wegen ihres Jagdeifers zum fast unlösbaren Problem werden, wie Streuner oder auch Hunde aus Urlaubsländern. Bei diesen Hunden ist das Jagen genetisch so stark fixiert, es „liegt ihnen im Blut“, so daß sie auf den Auslöser ‚Fährte' oder ‚fliehendes Wild' immer mit Feuereifer reagieren. Und zwar auch dann, wenn sie nie Erfolg beim Jagen haben. Das Jagen selbst verschafft ihnen ein Lusterlebnis, man nennt dies daher ein **sich selbst belohnendes Verhalten.** Deshalb hat der Mensch nur wenig Einfluß, wenn er versucht, den Hund mit Ball oder Wurststückchen vom Jagen abzuhalten (siehe Kapitel Spiel).
Insgesamt sind Bauhunde – im Vergleich zu ihrer meist geringen Größe – auffallend selbstbewußt, da sie sich auf der Jagd als Nahkämpfer bewähren mußten. Das kann zu Problemen in der Familie wie mit anderen Hunden führen.

Dann gibt es Rassen, bei denen **Aggressivität** gegenüber anderen Hunden in der Zuchtgeschichte erwünscht war, da man sie zu Hundekämpfen einsetzte. In einigen wenigen Zuchtlinien kann diese Unverträglichkeit mit anderen Hunden bei den modernen Nachfahren immer noch auftreten.

Auch extrem arbeitsame Hunde wie die Hütehunde oder Schlittenhundrassen leiden im Grunde unter dem Leben zwischen Couch und Grünanlage: Sie wollen arbeiten und brauchen eine intensive Auslastung, die ihnen berufstätige Menschen oft nicht bieten können. Diese Unterforderung führt häufig zu Verhaltensproblemen, im Einzelfall auch zu deutlich aggressivem Verhalten.

Informieren Sie sich deshalb möglichst umfangreich über die Rasse, die Sie favorisieren. Fragen Sie Menschen, die bereits einen Vertreter dieser Rasse halten, sie können Ihnen wertvolle Hinweise geben. Beim Lesen von Rassebüchern sollten Sie die Beschreibungen richtig interpretieren:

„ … er sollte jagdlich geführt werden … oder ausgeprägter Jagdinstinkt …“ heißt, Hunde dieser Rasse besitzen in der Regel die Anlage zu jagen: Man kann so einen Hund daher in Wald und Feld meist nicht so ohne weiteres frei laufen lassen.
„ … Erziehung erfordert viel Einfühlungsvermögen …“ heißt, diese Rasse ist schwer zu erziehen, ebenso wenn dabei steht, „nicht für Ersthundehalter geeignet“ oder „nur für erfahrenen Hundehalter“.

„ ... ausgeprägter Beschützerinstinkt ... oder Wachsamkeit ist ihm angeboren ....“ heißt, diese Rasse bewacht Familie, Haus und Hof sehr gut und beißt eventuell auch schnell zu.
„ ... temperamentvoll und aktiv ...“, so ein Hund braucht viel Bewegung und ist eher unruhig.
Die Rassen mit der Beschreibung „... idealer Familienhund” sollten Sie in die engere Wahl ziehen, wenn Sie einen Familienhund wollen.
Genauso vorsichtig sollten Sie Zeitungsanzeigen lesen. „Umständehalber abzugeben“ heißt nicht selten, der Hund macht Umstände. Auch die Beschreibungen von Tierheimhunden wie „mag keine anderen Rüden“ sollten Sie kritisch hinterfragen, bevor Sie sich mit dem Hund schwerwiegende Probleme einhandeln.

Gerade Vertreter der Gebrauchshunderassen und deren Mischlinge haben oft mehr Bedarf an Bewegung und Beschäftigung als uns Menschen bewußt ist. Daher sollte man sich rechtzeitig informieren, bevor man sich ein Non-stop-power-Modell oder einen Herdenschutzhund in die Familie holt.

Welcher Hund für welchen Menschen?

Hunde sind Individuen, daher kann man beim Welpen noch nicht gut vorhersagen, wie er sich entwickeln wird. Immerhin gibt es Rasseeigenschaften bzw. -bedürfnisse, die übrigens auch bei Mischlingen mehr oder weniger stark zum Tragen kommen, die zu einem Menschen oder einer Familie ganz gut oder eben überhaupt nicht passen.

- **Hunde, die gerne mit Sport treiben**

Jeder gesunde, ausgewachsene Hund freut sich über körperliche Betätigung, er braucht sie auch.
Allerdings eignen sich weder kurzbeinige Rassen wie Dackel oder Basset noch riesenwüchsige Hunde wie Dogge und Bernhardiner für den Ausdauersport. Joggen, Rollerbladefahren oder Radeln genießen daher lauffreudige Hunde wie z.B. Hütehund-Rassen, Wind- oder Schlittenhunde (nur Familienhund-Linien!).

- **Hunde, die ein wechselhaftes Famlienleben tolerieren**

Sie sollten gutmütig, eher phlegmatisch und keine Einmann-Hunde sein. Letztere fixieren sich auf einen einzigen Menschen.
Sehr aktive Hunde, die viel Ansprache und Bewegung brauchen, kommen in einem Haushalt mit kleineren Kindern zu kurz. Sie müssen sich daher oft selbst beschäftigen und gewöhnen sich unter Umständen auf diese Weise Verhaltensweisen an, die wir weniger schätzen, wie Passanten am Zaun verbellen oder Autos jagen.

• Hunde, die ein geregeltes Seniorendasein zu schätzen wissen

Insgesamt gefährden leichtgewichtige Hunde unter 10 Kilogramm Körpergewicht ihren Menschen weniger: Selbst wenn sie an der Leine ziehen, bringen sie einen Menschen normalerweise nicht zu Fall.

Da Welpen sehr anstrengend sind, ist es empfehlenswert, sich einen erwachsenen Hund zuzulegen, zum Beispiel aus dem Tierheim; denn ältere Hunde, die selbst nicht mehr so aktiv sind, eignen sich gerade gut für weniger sportlich aktive Menschen.

Darüberhinaus gibt es auch Hunde, die als Welpe nicht an Kinder und Wirbel gewöhnt wurden. Sie brauchen aus diesem Grunde einen ruhigen Haushalt mit geregeltem Tagesablauf, um sich wohl zu fühlen.

Bürosport: Apportieren fördert Konzentration und Geschicklichkeit Foto: H. Jung

• Hunde, die man ins Büro mitnehmen kann

Einen gut sozialisierten Hund, der keine Probleme mit fremden Menschen hat, kann man grundsätzlich mit ins Büro nehmen: Wenn Arbeitgeber und Kollegen dies einhellig gut finden.

Wichtig ist es, daß der Hund einen ruhigen Rückzugsplatz hat und daß man nicht nur regelmäßig mit ihm Gassi geht, sondern sich auch zwischendurch mit ihm beschäftigt, z.B. Kunststücke beibringt, Trockenfutter im Bücherregal versteckt, Dinge apportieren oder vom Boden aufheben läßt usw.

Am besten gewöhnt man schon den Welpen an feste Ruhezeiten, in diesem Alter brauchen Hunde sowieso sehr viel Schlaf. Und man muß dem Hund beibringen, wie er sich verhalten soll: Ob er mit zum Kopierer gehen darf, ob er jeden, der ins Zimmer kommt, begrüßen kann oder dies nur auf Kommando tun darf und vieles mehr.

Sehr dickfellige Hunde (z.B. Chow-Chow, Neufundländer) vertragen geheizte Räume nicht so gut. Insgesamt kommen phlegmatische Hunde mit dieser Situation leichter zurecht als sehr quirlige. Aber auch mit ihnen kann man Ruhezeiten trainieren, wenn sie ansonsten genügend Bewegung und Auslastung haben. Das Bürotraining braucht Zeit, man sollte die Ruhezeiten ganz allmählich steigern. – Insgesamt ist es für viele Hunde sehr viel schöner, mit ins Büro zu gehen, als stundenlang allein zuhause zu bleiben (siehe Kapitel Familie).

• **Gebrauchshunde, die eine ihren Anlagen gemäße Aufgabe brauchen**
Natürlich können Hunde aus Arbeitslinien – z.B. Jagdhunde, Hütehunde, Schlittenhunde – sehr geduldige Familienhunde sein, aber nur in Nebenfunktion. In erster Linie brauchen diese Hunde eine ihnen gemäße Aufgabe und einen hundeerfahrenen Führer. Wenn Sie also einen reinen Familienhund suchen, sollten Sie keinesfalls einen Hund aus einer Gebrauchshundlinie kaufen!

3 Labradorrüden: Jagdhund (links) oder Familienlinie (Mitte und rechts). Foto: H. Jung

Familienhund: Die Linie macht´s

Es kommt jedoch nicht nur auf die Rasse an, sondern auch auf die Zuchtlinie. So gibt es z.B. bei den als besonders leicht erziehbar geltenden Retrievern Linien, die sich durch ausgeprägte Jagdeigenschaften auszeichnen. Man sollte immer darauf achten, daß man einen Züchter findet, der **Familienhunde** züchtet: mit nicht zu viel Power, mit ausgeglichenem Wesen (unängstlich) und ohne die Tendenz, Haus und Mensch zu bewachen.
Auf jeden Fall sollten Sie sich bei der Welpenwahl die Mutterhündin genau ansehen. Ist sie freundlich zu fremden Menschen und bleibt gelassen, wenn es um sie beispielsweise Lärm gibt? Das ist deshalb so wichtig, weil die Welpen das Verhalten der Mutter nachahmen, erschrickt die Hündin, wenn z.B. ein Motorrad vorbeifährt, reagieren die Welpen genauso. Kein guter Start für einen Welpen, der später in der Großstadt leben soll.
Wenn möglich, sollten Sie versuchen, auch den Vaterrüden und weitere Familienangehörige kennen zu lernen. So können Sie möglichst viele Informationen sammeln, auch wenn dies natürlich keine exakte Prognose über das Wesen des einzelnen Welpen zuläßt.
Fazit: Wie freundlich oder eher unfreundlich ein Hund in einer bestimmten Situation reagieren wird, kommt nicht nur auf die Rasse, sondern auch auf den Hundetyp und auf den individuellen Hund an. Noch wichtiger als die Erbanlagen sind jedoch die Erfahrungen, die ein Hund im Laufe seines bisherigen Lebens gemacht hat (siehe Kapitel Der Welpe) und was er absichtlich oder unabsichtlich von seinem Menschen gelernt hat.

Gebrauchshunderassen kommen immer mehr in Mode, allerdings sollte man sich bewußt sein, daß sie sowie ihre Mischlinge höhere Ansprüche an ihre Besitzer stellen und sich nicht automatisch zum Kuschel-Familienhund eignen. Suchen Sie daher nach Züchtern, die Familienhund-Linien züchten.

Lebenslang ein freundlicher Hund?

Im Alter kann ein Hund sich im Wesen verändern.

Mit etwa zwei Jahren sind Hunde wirklich erwachsen, jetzt zeigt sich, ob Rüden sich mit anderen Rüden vertragen. Wer einen Spätentwickler (z.B. Retriever-Rassen, Bulldogge, Mastiff, Rhodesian Ridgeback) zuhause hat, kann seine Überraschung erleben, wenn der gutmütigste Hund der Welt mit 2,5 bis 3 Jahren endlich erwachsen wird und plötzlich seine Rauflust entdeckt.

Mit 8 Jahren und mehr altern Hunde, große Rassen schneller als kleine.
Damit kann sich die Neigung zu aggressivem Verhalten verstärken. Dies liegt daran, daß alte Hunde – ganz genauso wie ältere Menschen – zunehmend intoleranter und „unflexibler" werden. Sie sind weniger aktiv und ziehen sich häufiger zurück. Respektiert man dieses Sichzurückziehen nicht, kann dies Aggressivität auslösen, z.B. wenn der Hund ruht und ein Kind oder eine fremde Person ihn streicheln will. Positive wie negative Eigenheiten eines Individuums können sich im Alter verstärken. So läßt vielleicht ein in jungen Jahren guter Wachhund im Alter überhaupt niemanden mehr das Grundstück betreten.
Die Neigung zu aggressivem Verhalten kann aber auch die Folge von Erkrankung und Schmerzen (z.B. Arthrose) sein. Auch wenn Hunde nur noch schlecht hören oder sehen können, kann dies zu Verhaltensänderungen führen: Ein Hund, der erschrickt, reagiert unter Umständen aggressiver, als ein Hund, der den anderen kommen hört oder sieht.

Wann immer man merkt, daß sich das Verhalten des eigenen Hundes ändert, sollte man sich an den Tierarzt wenden. Er kann abklären, ob ein körperliches Problem dahinter steckt oder ob es sich um ein Verhaltensproblem handelt. In letzterem Fall sollte man spezielle Strategien (siehe Kapitel Konfliktsituationen) anwenden, um Gefahrensituationen zu vermeiden.

Mit dem Älterwerden können sich positive wie negative Verhaltensweisen des Hundes verstärken. Alte Hunde können intoleranter und somit aggressiver reagieren. Wichtig ist es, den „Rückzug" des alten Hundes zu respektieren und möglichen Konfliktsituationen aus dem Weg zu gehen.

Geschlecht und Kastration beeinflussen die Manieren

Hündinnen sind in der Regel leichter zu führen als Rüden.

Rüden lassen sich schlechter unterordnen als Hündinnen. Sie neigen eher zu Raufereien und zu aggressivem Verhalten gegenüber Menschen (Kindern) als Hündinnen. Daher sollten Sie sich im Zweifelsfall lieber für eine Hündin entscheiden.

Die Kastration des Rüden mildert dieses Verhalten deutlich, umgekehrt kann eine Hündin nach der Kastration rüdere Manieren entwickeln. Daher sollte man eine sehr dominante, ihr Revier verteidigende Hündin besser nicht kastrieren. Im Zweifelsfall kann man sich bei Tierärzten, spezialisiert auf Verhaltenskunde oder Verhaltenstherapie, vorher Rat holen.

Je früher eine Kastration (Rüde wie Hündin) erfolgt, desto stärker ist der Effekt. Denn neben den Hormonen spielt auch erlerntes Verhalten eine Rolle. Je älter und gefestigter das erlernte Verhalten ist, desto weniger läßt es sich durch die Kastration beeinflussen.

Wenn der eigene Hund sich von einer zu rüden Seite zeigt, sollte man sich Hilfe bei einer guten Hundeschule oder bei einem Verhaltenstherapeuten holen.

Rüdenbesitzer müssen in der Regel ein bißchen vorsichtiger sein als Besitzer von Hündinnen, allerdings kann eine kastrierte Hündin anderen Hunden gegenüber recht ungnädig reagieren. Ein frühzeitiges Erziehungsprogramm oder Verhaltenstraining beugt ernsten Problemen vor.

Spiel: Spielen, aber richtig!

Hildegard Jung

Spielen macht Spaß ...

Spielen macht Spaß, das ist auch wichtig, denn Spielen zwischen Hunden ist Training für den Ernstfall (siehe Kapitel Hundeschule). Je mehr ein Hund – sinnvoll – spielt, desto mehr lernt er fürs Leben. Das bedeutet, im Spiel mit dem Menschen sollte er für das Leben im Menschenrudel vorbereitet werden. Mit dem Menschen spielen Hunde völlig anders als mit Hunden. Der Zweit- oder Nachbarshund entbindet uns Menschen nicht von unserer angenehmen Spielpflicht, umgekehrt ist der Mensch auch kein Ersatz für Hundefreundschaften.

Im Spiel können Welpen Bewegungen und Verhaltensweisen „ohne Ernstbezug" lernen und üben. Sie tauschen dabei häufig die Rollen und zeigen das typische Spielgesicht (siehe Kapitel Körpersprache).

Spielerisch rangeln sich die beiden um den Plüschfrosch. Foto: H. Jung

Die Übergänge vom Spiel zum Ernstmeinen sind fließend. Schon Welpen, aber ganz besonders halbwüchsige Hunde (Pubertät) testen ihre Rangposition aus. Sehr große bzw. sehr freche Hunde finden nicht immer einen vierbeinigen Spielpartner, der ihnen die nötigen Grenzen setzt. Aus dem „der tut nichts, der spielt nur!" kann jederzeit ein „jetzt tut er doch etwas" werden. Deshalb sollte man als Besitzer regelmäßig üben, seinen Hund aus unterschiedlichen Spielsituationen zurückzurufen, damit man ein zu wildes Spiel jederzeit beenden kann.

Das Spiel zwischen Hund und Mensch folgt eigenen Regeln

1. Objektspiele – Körperteile sind tabu

Im Spiel mit dem Menschen sollte der Hund lernen, daß Menschenhaut überaus empfindlich und alle menschlichen Körperteile für das Hundemaul tabu sind. Achten Sie schon beim Welpen darauf, daß der Hund nur Spielzeug – wie Kordel, Ball, altes Handtuch – ins Maul nehmen darf, **nie** die Hände oder andere Körperteile des Menschen. Denn im Spiel geht es meist sehr schnell und beherzt zu. Es besteht daher die Gefahr, daß der Hund zubeißt.

Das heißt aber nicht, daß inniger Körperkontakt und Zärtlichkeiten grundsätzlich tabu sind, im Gegenteil, beides ist auch für den Hund sehr wichtig: Viele Hunde lernen es automatisch, beim Schmusen sehr behutsam mit dem Menschen umzugehen, und nehmen z.B. seine Hände nur ganz zart ins Maul. Dagegen ist natürlich nichts einzuwenden. Wenn der Hund jedoch manchmal oder bestimmten Menschen gegenüber – zum Beispiel im Kontakt mit Kindern – dazu neigt, zu grob zu werden, sollte man mit Händeknabbern und ähnlichem lieber vorsichtig sein. Wie lernt der Hund das? Wenn ein Welpe Sie anknabbern will, quietschen Sie laut auf, das tun auch Welpen untereinander, um das schmerzhafte Spiel sofort zu beenden – dann läßt er automatisch los. Bei größeren Hunden sollten Sie energisch „Pfui" sagen. Auf jeden Fall beenden Sie das Spiel sofort. So lernt der Hund von klein auf, wenn er mit dem Menschen spielen will, muß er behutsam sein.

2. Spielanfang und -ende bestimmt der Mensch

Gelangweilt sitzt der Hund vor seinem Spielzeugberg, nichts kann ihn mehr motivieren.

Ob und wann Sie mit dem Hund spielen, entscheiden Sie – nicht der Hund. In diesem Punkt sollten Sie alle vermenschlichenden Pädagogik-Gedanken über Bord werfen. Wer im Haus das tut, was der Hund will, der braucht sich nicht zu wundern, wenn der Vierbeiner auch im Freien seinen Kopf durchsetzt. Deshalb, je älter und selbstbewußter Ihr Hund wird, desto konsequenter sollten Sie darauf achten: Ich beginne das Spiel und ich entscheide, wann es zu Ende ist – dann, wenn ich genug habe, dann, wenn der Hund zu wild spielt und mir vielleicht sogar weh tut oder z. B. auch dann, wenn er ununterbrochen bellt (siehe auch Kapitel Rangordnung).

Der Mensch ist Herr über das Spielzeug und teilt es dem Hund zu.

3. Richtiger Umgang mit der Beute Spielzeug

Damit Sie als Mensch und Rudelführer die Situation immer im Griff behalten, sollten Sie ganz bewußt der Hüter des Spielzeugs sein. Für Hunde ist Spielzeug sozusagen Übungs-Beute. Kein wild lebender Hund würde seine Beute wahllos in seinem Territorium herumliegen lassen, entweder er frißt sie gleich oder er verbuddelt sie an einem geheimen Ort, sicher vor der Konkurrenz.

Als Rudelführer sollten Sie deshalb das Hundespielzeug nicht zur freien Benutzung herumliegen lassen, sondern an einem hundesicheren Ort aufbewahren. Als Belohnung oder als Beschäftigung können Sie dann ein oder zwei Spielsachen hervorholen und nach einer gewissen Zeit wieder wegnehmen und aufräumen.

4. Sie entscheiden, wer gewinnt

Gerade bei Zerrspielen sollten Sie daran denken, daß das Kräftegleichgewicht stimmt. Achten Sie darauf, daß Sie in der Regel öfter gewinnen als der Hund und die Beute davon tragen. Je selbstbewußter der Hund, desto weniger Erfolg sollte er haben, während man schüchternen Hunden die Beute ruhig öfters überlassen kann. Was für uns Spiel ist, „das alte Handtuch kann er gerne haben“, kann von manchem Hund (z.B. Terrier) recht ernst gemeint sein.

Spiel ist nicht „nur Spiel“, sondern auch Training für den Ernstfall. Deshalb sollten Sie gerade hierbei darauf achten, daß Ihre Position als Rudelchef nicht angetastet wird.

Wer als Welpe keinen „alten Schuhe“ zum Zernagen bekommt, läßt die neuen Schuhe in Ruhe. Foto: H. Jung

Warum fressen Hunde so gerne die neuen Schuhe?

Denken Sie daran, Spielzeug, das ein anderer hat, ist fast immer interessanter als das eigene. Wenn Sie Ihrem Welpen einen alten Schuh geben, der Sie natürlich überhaupt nicht mehr interessiert „der ist sowieso kaputt, den kannst Du haben!“, wird er sich bald den neuen Pumps widmen, die Sie nach jedem Tragen liebevoll einkremen und aufräumen. Der frische Körpergeruch erhöht noch den Reiz.

Um kostenintensive Mißverständnisse auszuschließen, sollte man besser Hundespielzeug verwenden als abgetragene Kleidungsstücke oder ausrangierte Gebrauchsgegenstände.

Geben Sie Ihrem Hund ausschließlich Hundespielzeug, keine ausrangierten Schuhe, Handtücher etc. So vermeiden Sie unliebsame Mißverständnisse.

Geknurrt wird nicht!

Schon beim Welpen sollten Sie darauf achten, im Umgang mit Menschen wird nicht geknurrt – nie. So klein kann ein Hund gar nicht sein, daß Sie diese Form der Meuterei nicht ernst nehmen müssen. Sie haben weder das nötige dicke Fell noch das passende Gebiß, um sich auf Hundeart durchzusetzen. Daher sollten Sie es gar nicht auf ein Kräftemessen ankommen lassen, sondern den Anfängen wehren: Falls Ihr Welpe Sie anknurrt, wenn Sie ihn hochheben oder bürsten wollen, – vorausgesetzt, der Welpe hat keine Schmerzen – oder wenn Sie ihm etwas wegnehmen wollen, dann sollten Sie ihm gleich beim ersten Mal Ihr Mißfallen über das Knurren zeigen (siehe Kapitel Hundeschule).

Wie Sie das machen, hängt von dem Hund und der aktuellen Situation ab: Am einfachsten ist die verbale Korrektur in Form eines energischen „Nein!". Wenn Sie Erfahrung mit dem Schnauzengriff (siehe Kapitel Hundeschule) haben, kann dies ebenfalls ein ganz klares Stop-Signal für den Welpen sein. Anschließend sollten Sie die betreffende Situation neu üben, denn irgendetwas ist ganz offensichtlich schief gelaufen: Zum Beispiel das Hergeben von Spielzeug. Der Welpe lernt das Kommando „Aus" dadurch, daß man mit ihm tauscht. Er gibt den Ball her und bekommt dafür den Teddybär oder ein Leckerli. Sinnvoll ist es, das Lieblingsspielzeug als Austauschobjekt in Reserve zu halten, damit die Übung ganz sicher klappt.

Läßt sich das Problem so nicht lösen, sollten Sie sich fachkundigen Rat einholen. Denn es ist viel leichter, einem Welpen Manieren beizubringen als einem 70 kg schweren Bernhardiner.

Bei einigen Rassen wie z.B. allen Terriern oder dem Dachshund, die ursprünglich als „Nahkampfspezialisten" gezüchtet wurden, sollte man besonders vorsichtig sein. Aus dem Spielknurren wird sehr schnell bissiger Ernst.

Auch aus dem Spielknurren kann leicht bissiger Ernst werden. Daher sollte man darauf achten, daß Hunde Menschen möglichst überhaupt nicht anknurren. In diesem Fall brechen Sie jedes Spiel besser ab.

20 Kilometer neben dem Fahrrad?

Natürlich brauchen Hunde Bewegung, aber das monotone Asphalt-Traben bzw. -Galoppieren neben dem Fahrrad – an der Fahrradspirale angeleint –, ist nicht jederhunds Sache. Erlaubt es das Gelände, daß der Hund ohne Leine auf weichem Untergrund neben dem Fahrrad laufen kann, und fahren Sie so langsam, daß der Hund auch schnüffeln, das Bein heben und andere Hunde begrüßen kann, dann ist dies durchaus zu begrüßen. Allerdings kann man nur Hunde von der Leine lassen, die gut gehorchen. Hunde und ganz besonders sehr aktive Hunde wie Jagd-, Hüte- oder Schlittenhunde und deren Mischlinge brauchen nicht nur körperliche Anstrengung, sie müssen auch Kopfarbeit leisten, um ausgeglichen zu

Rettungshund-Training: Die Suche nach Menschen fordert Kopf und Beine eines Hundes.
Foto: B. Schmaling

bleiben. Wenn Sie noch nicht so viel Hundeerfahrung haben, können Sie sich in einer guten Hundeschule sowie in Büchern Anregungen holen. Wenn Sie Zeit haben, können Sie mit Ihrem Hund auch arbeiten, z. B. in einer Rettungshundestaffel. Und Sie können Ihrem Hund im Alltag passende Aufgaben geben wie Schlüssel suchen, Spielzeug in die Kiste räumen, Zeitung holen, Regenschirmtragen und vieles mehr.

Aktive Hunde brauchen nicht nur körperliche Bewegung, sondern auch etwas fürs Köpfchen. Verstecktes Spielzeug suchen ermüdet mehr als eine Bergwanderung.

Stöckchenwerfen kann ungeahnte Folgen haben

Wenn Sie mit einem Hund spielen wollen, was fällt Ihnen als erstes ein? Richtig, Stöckchen- oder Ballwerfen. Doch beides sind reine Jagdspiele, die das Jagen und Hetzen trainieren, daran sollte man denken. Es ist daher nicht uneingeschränkt sinnvoll, 50 Mal einen Tennisball zu werfen und den Hund hinterherhetzen zu lassen. Vielmehr kann man z.B. „Sitz“, „Bleib“, „Lauf“ in dieses Jagdspiel einbauen und damit trainieren, daß der Hund erst auf Kommando losstartet. So verhindert man mit konsequentem Training und dem nötigen Glück, daß er wegen eines Balles auf die Straße und vor ein Auto rennt.

Ballspiel: Erst sollte man Gehorsam fordern, bevor der Hund dem Ball nachhetzen darf.
Foto: Jung

Viel besser ist es, den Ball zwischendurch zu verstecken und den Hund danach suchen zu lassen. So werden nicht nur seine Muskeln trainiert – mit der Zeit bräuchte er dann 100 Mal Ball werfen, bis er genug hat – sondern es wird auch der Kopf angestrengt, denn mit der Nase suchen macht ausgesprochen müde.

Bei Hunden mit ausgeprägter Jagdeigenschaften – und das sind längst nicht nur die Jagdhundrassen – ist es besonders wichtig, Jagdspiele mit Ball, Stöckchen oder Bringsel (Leinensäckchen zum Apportieren üben) möglichst gar nicht oder nur in Kombination mit Gehorsamstraining zu üben.

Sonst lernt der Hund zu jagen und zu streunen, was man ihm dann nicht mehr abgewöhnen kann. Besonders zwischen dem sechsten und zwölften Lebensmonat sollten Sie einen fährteninteressierten Hund in Waldnähe lieber an der langen Leine lassen, in diesem Alter entscheidet sich nämlich, wer einst ein Jäger werden wird.

Auf keinen Fall sollte man zwei Jagdfreunde gemeinsam „spielen" lassen, sonst wird mit großer Wahrscheinlichkeit ernst daraus. Auch wenn die Hunde keinen Jagderfolg haben, weil Katze, Eichhörnchen oder Kaninchen sich auf den Baum oder in den Bau retten konnten, ist dies trotzdem Jagdverhalten, das man als Besitzer unterbinden muß: Die Beutetiere werden erschreckt. Außerdem gefährdet der Hund – blind für alles andere – sich und andere, er kann unters Auto geraten oder sogar – außer Sichtweite des Besitzers – von einem Jäger erschossen werden.

Hunde, die Neigung zeigen zu jagen, müssen besonders gut gehorchen, nur dann kann man mit dem Jagdproblem verantwortungsvoll umgehen. Entweder man behält den Hund im Auge und läßt ihn nicht weiter als wenige Meter vorausgehen oder man benützt die lange Leine.

Jagen und Hetzen sind kein Spiel, unabhängig davon, ob der Hund Erfolg hat oder nicht. Daher sollte man in Hetzspiele wie Ball- oder Stöckchenwerfen immer „Bremsen" wie „Sitz" oder „Platz" einbauen.

Lernen: Erziehung und Lernen

Dorothea Döring-Schätzl

Denken und Lernen

Menschen verständigen sich miteinander hauptsächlich über gesprochene Worte. Unter Hunden findet die Verständigung dagegen vor allem über Körpersprache und Gesten statt.
Wir Menschen können uns kaum vorstellen, wie man denkt und lernt, wenn man keine Sprache hat. Der Mensch ist so daran gewöhnt, auch kompliziertere Zusammenhänge zu durchschauen und zu erklären, daß im Umgang mit dem Hund häufig vergessen wird, daß es sich nicht um einen sprechenden Artgenossen handelt, sondern um ein Tier.
„Ich habe dir bereits dreimal gesagt, daß du dich hinsetzen sollst!“ oder „Mach nicht nochmal auf den Teppich!“ Das sind Sätze, die Vierbeiner häufig zu hören bekommen, ohne daß sie davon mehr verstehen, als daß ihr Besitzer wütend ist.
Will man einem Hund etwas beibringen, muß man wissen, wie er denkt und lernt.
Hunde können – in menschliche Worte gefaßt – etwa folgendermaßen lernen: „Wenn ich das eine mache, passiert das andere. Wenn ich den Braten auf dem Küchentisch fresse, wenn Herrchen daneben steht, gibt's Ärger. Wenn ich alleine bin und es tue, schmeckt es gut.“
Dabei hat der Hund keine Moralvorstellung. Er weiß nicht, was gut oder schlecht ist. Aber er weiß, was ihm gut tut oder nicht. Der Hund weiß nicht, daß es „böse“ von ihm ist, den Braten zu stibitzen. Er weiß nur, daß es ihm nicht gut tut, wenn es jemand sieht.

Ein Hund weiß nicht, was „gut“ oder „böse“ ist, aber er weiß, was ihm gut tut.

Bei der Hundeerziehung muß man beachten, daß Hunde nur direkte Folgen lernen können. Passiert ein Ereignis zeitgleich mit einem anderen oder sofort danach, kann der Zusammenhang gelernt werden. Ein Beispiel aus unserem Leben soll dies verdeutlichen: Berührt man eine heiße Herdplatte, gibt es sofort einen Schmerz. Diesen Zusammenhang lernt man, ohne daß eine Erklärung nötig wäre. Es tut uns nicht gut, dort anzufassen. Würde man erst eine Viertelstunde später Schmerzen fühlen, wüßte man nicht mehr, wovon diese kommen. Schließlich hat man zwischenzeitlich eine Menge anderer Dinge getan und angefaßt.

Dem Hund, der den Teppich als Toilette benutzt hat, geht es da nicht anders. Wenn er einige Zeit später von seinem Besitzer für diese Tat bestraft wird, versteht der Hund nicht, was das Ganze soll. Er lernt höchstens, daß Menschen manchmal unberechenbare Wutausbrüche haben und daß man sich lieber von ihnen fernhalten soll.
Wölfe bzw. Hunde untereinander kämen nie auf die Idee, sich gegenseitig im Nachhinein zu strafen. Entweder wird sofort auf eine Provokation reagiert oder gar nicht.

Hunde verständigen sich untereinander hauptsächlich über die Körpersprache oder über Körpergesten. Mit menschlichen Gesprächen und wortreichen Erklärungen können sie nichts anfangen.
Hunde wissen nicht, was gut oder schlecht ist, aber sie können lernen, was ihnen gut tut oder nicht. Voraussetzung für jedes Lernen ist jedoch, daß die Reaktion auf ihr Verhalten sofort erfolgt.

Auf das richtige „Timing“ kommt es an

Untersuchungen haben gezeigt, daß Hunde am besten lernen, wenn die Reaktion auf ihre Handlung sofort, d. h. innerhalb von einer Sekunde erfolgt. Geben Sie Ihrem Hund daher das Lob oder Leckerchen sofort, wenn er das Richtige macht. Es ist sinnlos, wenn Sie Ihrem Hund die Belohnung erst später geben, z.B. weil Sie erst noch umständlich in Ihren Taschen den Leckerbissen suchen müssen. Bis dahin ist der Hund eventuell nach dem korrekt ausgeführten „Sitz“ schon wieder aufgestanden, und Sie belohnen ungewollt das Aufstehen.

Dieser Hund lernt das Kommando „Sitz“. Die Belohnung erfolgt dabei sofort.

Achten Sie auf den richtigen Belohnungszeitpunkt. Am besten ist es, wenn die Belohnung erfolgt, während der Hund die gewünschte Handlung ausführt. Reagieren Sie also möglichst sofort, d.h. innerhalb von einer Sekunde.

Unabsichtliche Belohnung

Hunde lernen nicht nur das, was wir ihnen beibringen wollen. Sie lernen immerzu und ständig und das ganze Leben lang! So lernen Hunde auch einigen Unsinn sowie Dinge, die wir gar nicht schön finden. Die menschliche Aufmerksamkeit wirkt sehr häufig als unabsichtliche Belohnung: Bellt ein Hund Besucher an, wird er von seinen Besitzern meist „beruhigt“, indem sie ihn streicheln und auf ihn einreden. Der Hund lernt daraus, daß er Aufmerksamkeit und Zuwendung erhält, wenn er bellt. Daher wird er dieses Verhalten in Zukunft weiterhin zeigen. Die Besitzer wundern sich dagegen, warum ihr Hund nicht endlich begreift, daß der Besuch kein Grund zur Sorge ist. Was Sie machen können, damit Ihr Hund nicht durch Bellen Besucher oder Passanten bedroht, lesen Sie im Kapitel Richtig reagieren und im Kapitel Familie.

Achten Sie darauf, wie und wann Sie auf Ihren Hund eingehen, damit Sie nicht ungewollt ein unerwünschtes Verhalten mit Ihrer Aufmerksamkeit belohnen.

Orte und Situationen

Geht es Ihnen auch so, daß Ihr Hund manchmal überhaupt nicht gehorcht, obwohl er das Kommando eigentlich schon kann? Da fragt man sich doch: „Warum ist er jetzt so ungehorsam? Eigentlich kann er doch ‘Sitz’. Zuhause üben wir das immer.“ Und genau dies ist der springende Punkt, an dem wir alle Fehler machen: Wir bringen dem Hund bei, zuhause oder auf dem Hundeübungsplatz „Sitz“, „Platz“, „Bleib“ und vieles mehr zu können. Aber wir versäumen es meistens, an über 100 verschiedenen Orten zu üben, so daß dem Hund das Kommando wirklich in Fleisch und Blut übergeht. Vielleicht ist der Hund also gar nicht ungehorsam, sondern er versteht das Kommando in dem neuen Zusammenhang, am neuen Ort einfach nicht.

Erst nach Tausenden von Wiederholungen kann ein Hund ein Kommando wirklich. Hand aufs Herz, wer übt mit seinem Hund „Sitz“ an 100 verschiedenen Orten bzw. in 100 unterschiedlichen Situationen und das tausendmal?

So viel Zeit haben Sie nicht? Doch, es geht ganz einfach. In dem Kapitel Rangordnung können Sie nachlesen, wie Sie dieses Übungspensum ganz nebenbei in Ihren Alltag einflechten können, indem Sie Ihren Hund z.B. vor allen Annehmlichkeiten erst einmal „Sitz“ machen lassen.

Ein anderes Beispiel ist das „Auf-den-Platz-Schicken“. Es funktioniert vor allem dann, wenn nichts los ist. Kommt jedoch Besuch, wird das Essen auf den Tisch gestellt oder – im Restaurant – taucht ein zweiter Hund auf, tut Ihr Hund so, als hätte er „Geh auf deinen Platz“ noch nie gehört. Und aus Hundesicht hat er damit sogar recht: Sie haben es mit ihm eigentlich immer nur dann geübt, wenn Sie mit ihm allein zuhause waren.

Kommandos auflösen

Es genügt nicht, dem Hund ein Kommando zu geben wie z.B. „Sitz" oder „Geh auf deinen Platz", man muß es auch nach einer gewissen Zeit wieder auflösen, zum Beispiel mit „Lauf" oder „Okay". Sonst ist der Hund gezwungen, dies selbst zu entscheiden. Am Hundeplatz fällt es uns meist nicht schwer, daran zu denken, aber zuhause vergessen wir oft den Hund und die gegebenen Kommandos, z.B. weil das Telefon läutet oder wir unkonzentriert sind.

Kommandos genauso wie Wohlverhalten kann ein Hund nur dann lernen, wenn wir ihm dies an vielen unterschiedlichen Orten und in verschiedenen Situationen zeigen und tausende Male wiederholen! Nicht vergessen, Kommandos muß man auch wieder beenden.

Zuckerbrot oder Peitsche?

Wer lernt schon gerne, wenn ständig Strafe droht? Viel schöner ist es doch, wenn man Erfolgserlebnisse hat! Dem Hund geht es da nicht anders als uns auch. Mit Spaß läßt es sich besser lernen als unter Angst.

Die moderne Hundeerziehung kommt mittlerweile weitgehend ohne Strafen aus. Man hat festgestellt, daß man mit Belohnung die besten Erfolge hat. Außerdem widerspricht es dem Tierschutzgesetz, wenn man einem Tier Schmerzen und Leiden durch eine Bestrafung zufügt, solange es gewaltfreie andere Erziehungsmethoden gibt. Unter Belohnung ist nicht nur der Leckerbissen zu verstehen, sondern auch alles andere, was der Hund schön findet, z.B. Lob, Streicheln oder die Erlaubnis, das Lieblingsspielzeug zu nehmen.

Streicheln, Lob, Aufmerksamkeit, Spiel oder Futter können geeignete Belohnungsarten sein.

Die wichtigsten Hilfsmittel der Hundeerziehung sind das Belohnen und das Ausbleiben der Belohnung. Häufig reicht nämlich schon ein konsequentes Ignorieren aus, um dem Hund etwas abzugewöhnen. Der Hund lernt, welches Verhalten sich für ihn lohnt und welches „reine Energieverschwendung" ist. Es gibt nur sehr wenig Fälle, in denen tatsächlich eine gewisse Bestrafung notwendig wird. Dies ist bei Verhaltensweisen der Fall, die sich selbst belohnen. Man kann beispielsweise einem Hund nicht abgewöhnen, den Braten vom Küchentisch zu fres-

sen, wenn man sein Verhalten ignoriert. Denn der Hund belohnt sich mit dem Braten selbst. Eine direkte Bestrafung durch den Besitzer, der den Hund auf frischer Tat ertappt, ihn schimpft oder schlägt, hat jedoch einige Nachteile, da zum einen das gute Vertrauensverhältnis zwischen Mensch und Hund leiden kann, zum anderen der Hund evtl. lernt, das unerwünschte Verhalten zu zeigen, wenn er alleine ist.
Wollen Sie also, daß Ihr Hund nicht den Braten vom Tisch holt, ist es am einfachsten, die Türen von Küche und Wohnzimmer (Couchtisch!) routinemäßig zu schließen.
Andernfalls müßten Sie ihn während seiner Tat „anonym bestrafen“, d.h. ihn erschrecken, ohne daß er merkt, daß Sie dahinter stecken. Zum Beispiel, indem beim Hochspringen am Tisch eine Schepperbüchse herunterfällt. Nur, wenn Sie den Beginn der Handlung bereits unterbinden, haben Sie Erfolg.

Bitte beachten Sie: Es reicht nicht aus, einem Hund immer nur zu zeigen, was er nicht darf. Wenn Ihr Hund ständig „Pfui“, „Nein“ und „Aus“ zu hören bekommt, weiß er gar nicht, was er eigentlich tun soll. Zeigen Sie Ihrem Hund, welches Verhalten Sie von ihm wünschen, und belohnen Sie ihn, wenn er es richtig macht. Lassen Sie Ihren Hund zum Beispiel in Situationen, in denen er ruhig sein soll, „Sitz“ oder „Platz“ machen und streicheln Sie ihn, wenn er gehorsam reagiert und sich ruhig verhält.

In guten Hundeschulen erhalten Sie Anleitung zur erfolgreichen und gewaltfreien Hundeerziehung.
Zeigt Ihr Hund Verhaltensprobleme, wenden Sie sich bitte an einen Spezialisten (siehe Anhang).

Der Schlüssel zur erfolgreichen Hundeerziehung ist das Prinzip: Belohnung von erwünschtem Verhalten und Ausbleiben der Belohnung (z.B. Ignorieren) bei unerwünschtem Verhalten. Zeigen Sie Ihrem Hund, was Sie von ihm wünschen, statt ihn ständig zu maßregeln. Nur in sehr seltenen Fällen ist eine Bestrafung (in Form einer Unterbrechung) tatsächlich notwendig. Die tiergerechte Hundeerziehung kommt ohne Härte und Gewalt aus.

Strafe kann Angst erzeugen

Strafe ist für den Hund nicht nur kurz unangenehm, sie kann auch bleibende Angst erzeugen. Und Angst macht Lernen völlig unmöglich.
In vielen Hundebüchern finden Sie leider immer noch das „Nackenschütteln“ als Erziehungshilfe. Angeblich soll so die Wölfin ihre Welpen zurechtweisen. Das stimmt jedoch gar nicht. Dieses Verhalten zeigen Wölfe nur beim Totschütteln ihrer Beutetiere (und beim Beutespiel), wenden Sie es daher bitte nicht als Strafe an!
Übrigens: Ein souveräner Wolf muß nur hinsehen, sich durch seine Körperhaltung etwas größer machen oder kurz knurren, um seinen Willen durchzusetzen. Damit auch Sie durch feine Körpersignale Ihren Hund zur Räson

rufen können, muß als Voraussetzung die Rangordnung zwischen Ihnen und Ihrem Hund klar sein (Kapitel Rangordnung).

Es scheint eine typisch menschliche Verhaltensweise zu sein, ständig den Hund maßregeln zu wollen. In der Natur lernt ein Wolf oder Hund jedoch hauptsächlich durch Versuch und Irrtum, Erfolg und Mißerfolg. Wenn ein Wolf schlecht jagt, wird er nicht durch seine Artgenossen bestraft, sondern vom Leben, denn er wird nicht satt. Häufig reicht es in der Hundeerziehung daher aus, den Hund die Erfahrung machen zu lassen, daß seine Bemühungen ins Leere gehen, keinen Erfolg haben. Und schon wird der Hund begreifen, daß er sich besser in Zukunft anders verhalten wird. Wenn Sie Ihrem Hund das Betteln abgewöhnen wollen, sollten Sie ihn also nicht dafür bestrafen (schimpfen), sondern ihm einfach konsequent nichts mehr geben. So haben Sie den besten Erfolg!

Strafe kann Angst erzeugen, und Angst verhindert Lernen. Ohne Strafe kommt man bei seinem Hund häufig besser ans Ziel.

Hänschen oder Hans?

Jeder kennt den Spruch: „Was Hänschen nicht lernt, lernt Hans nimmer mehr." Stimmt das für den Hund? Die Antwort lautet Ja und Nein!
Nein, denn jeder Hund lernt bis ins hohe Alter, eigentlich bis zu seinem Tod. Erziehung ist somit in jedem Lebensabschnitt sinnvoll und notwendig, und auch die Verhaltenstherapie macht noch bei alten Hunden Sinn. Kein Hund ist zu alt zum Lernen!
Der Spruch enthält jedoch wie viele Sprichwörter einen wahren Kern. Ein Junghund ist beinahe wie ein unbeschriebenes Blatt, er ist sehr lernwillig und aufnahmebereit. Hat sich ein Verhalten über Jahre eingeübt, ist es sehr mühsam, es wieder abzutrainieren.
Außerdem gibt es in der frühen Jugendentwicklung des Hundes eine „sensible Phase", die für das spätere Verhalten der Tiere entscheidend ist. Die Erfahrungen, die ein Hund in der 3. bis etwa 14. Lebenswoche macht, sind für ihn prägend und sein Leben lang entscheidend (siehe Kapitel Der Welpe).

Kein Hund ist zu jung oder zu alt zum Lernen.

Ebenso, wie kein Hund zu alt zum Lernen ist, gibt es nahezu keinen, der dazu zu jung wäre. Man kann einem Welpen viel beibringen. Mit spielerischen und freundlichen Methoden kann schon ein kleines Hundekind lernen, was „Sitz“ oder „Komm“ bedeutet. Beginnen Sie mit der Hundeerziehung bereits, wenn Sie den Welpen übernehmen. Überfordern Sie den Kleinen jedoch nicht! Ein Junghund kann sich noch nicht lange konzentrieren. Viel Selbstbeherrschung und Disziplin dürfen Sie also nicht erwarten. Üben Sie mit dem Kleinen zum Beispiel „Sitz“, belohnen Sie ihn sofort, wenn er sich hinsetzt, und lassen ihn nach etwa zwei Sekunden wieder aufstehen und spielen (siehe auch Kapitel Hundeschule).

Hunde lernen ihr Leben lang. Kein Hund ist zu jung oder zu alt dazu. Der „sensiblen Phase“ in der 3. bis etwa 14. Lebenswoche kommt eine besondere Bedeutung zu, da die Erfahrungen in dieser Zeit das spätere Verhalten der Tiere stark bestimmen.

Schuldbewußtsein und „schlechtes Gewissen“

Sie sind wütend, weil Ihr Hund etwas „ausgefressen“ hat. Schon wieder eine Pfütze auf dem guten Teppich oder eine kostbare Vase zerbrochen! Und der Vierbeiner scheint genau zu wissen, was er angerichtet hat, denn er kommt angekrochen, duckt sich, oder aber er versteckt sich unter dem Sofa. Hat er ein schlechtes Gewissen?

Die Verhaltensforscher sind sich einig, daß ein Hund kein schlechtes Gewissen im menschlichen Sinne hat. Das Verhalten, das der Hund in diesen Situationen zeigt, ist ein Beschwichtigungs- und Meideverhalten. Der Hund geht uns aus dem Weg oder will uns milde stimmen, weil er unseren Ärger erkennt oder weil er gelernt hat, daß wir in bestimmten Situationen wütend reagieren. Strafen wir den Hund, obwohl er Beschwichtigungsverhalten zeigt, verstoßen wir gegen die wichtigsten Hunderegeln.

Bei der Erziehung zur Stubenreinheit bedeutet das: Einen Hund mit der Nase in seinen Kot oder Urin zu stoßen, ist reine Tierquälerei! Auch das Schimpfen des Hundes, während man auf die Hinterlassenschaften zeigt, ist völlig sinnlos. Denn der Hund kann im Nachhinein nicht verstehen, was man von ihm will. Er lernt nur, daß sein Besitzer unberechenbar ist.

Waldi hat eine Vase zerbrochen. Seine Besitzer sind wütend. Daher zeigt er Beschwichtigungsverhalten.

Wenn Hunde „schuldbewußt“ aussehen, haben sie kein „schlechtes Gewissen“, sondern zeigen lediglich Beschwichtigungs- oder Meideverhalten. Denn sie spüren den Ärger ihrer Besitzer, oder aber sie haben gelernt, in welchen Situationen sie eine Strafe fürchten müssen. Eine Strafe im Nachhinein ist sinnlos und unverantwortlich!

Langeweile oder „geistige“ Auslastung

Ein Hundeleben ist häufig nicht besonders spannend. Während die Besitzer in der Arbeit sind oder zu Hause am Schreibtisch oder vor dem Fernseher sitzen, bleibt vielen Hunden nichts anderes übrig als zu schlafen. Neben der körperlichen Auslastung, die für Hunde enorm wichtig ist, wird häufig auch die „geistige“ Auslastung des Hundes nicht ausreichend berücksichtigt. Der Hund ist gelangweilt, unterbeschäftigt und unausgelastet. Manche Hunde werden dadurch faul und phlegmatisch, andere suchen sich ihre eigenen Beschäftigungen und gewöhnen sich Dinge an, die ihren Besitzern gar nicht gefallen. Man hat festgestellt, daß Verhaltensprobleme häufiger bei Hunden auftreten, die unterbeschäftigt sind, als bei solchen, bei denen die Auslastung stimmt. Verschaffen Sie daher Ihrem Hund ausreichend Bewegung und Anregung, geben Sie ihm Aufgaben und lassen Sie ihn Probleme lösen. Lassen Sie Ihre Phantasie spielen, holen Sie sich Anregungen über Bücher oder beginnen Sie eine sportliche Aktivität im Hundeverein (siehe auch Kapitel Hundeschule und Kapitel Hundekunde). Hauptsache, Ihr Hund und Sie selbst haben Spaß dabei!

Neben der körperlichen ist auch die „geistige“ Auslastung des Hundes für eine tiergerechte Haltung unverzichtbar.

Hundeschule: Woran erkennt man eine gut geführte Welpenspielstunde?

Hildegard Jung

Die ersten 14 Wochen im Leben eines Hundes sind ganz entscheidend für seine Verhaltensentwicklung

Nach dem Wechsel in die neue Familie fehlen dem Welpen die gleichaltrigen Wurfgeschwister. Daher sollte man ganz gezielt den Kontakt zu anderen Welpen suchen. Denn gleich und gleich gesellt sich nicht nur gern, sie lernen auch – bei ausgewogenem Kräfteverhältnis – die wichtigsten Spielregeln des Hundeverhaltens. Eine gute Möglichkeit dazu sind Welpenspiel- und -erziehungskurse, wenn sie gut geführt sind.

In der Welpenspielstunde wird nicht nur gespielt (links), sondern auch schon geübt: Der Schäferhund lernt sitzen zu bleiben, obwohl der Golden Retriever auf den Arm gehoben wird. Fotos: H. Jung

Kriterien für einen gut geführten Welpenspielkurs

- Kleine Gruppen von 6 – 8 Welpen pro Betreuungsperson
- Alter zwischen 8 und 20 Wochen
- Grundstück mit Struktur wie liegende Baumstämme, Reifen, Bach etc.
- Theoretischer und praktischer Unterricht:
  z.B. – wie motiviere ich einen Welpen
  – wie zeige ich ihm seine Grenzen
  – was mache ich, wenn der Welpe vor etwas Angst hat
- Es wird nicht nur gespielt, man übt auch jedes Mal ganz kurz
- Der Welpe lernt die Grundkommandos richtig, ohne Zwang
- Spaziergänge, z.B. in die Stadt oder zu Tiergehegen, stehen auf dem Programm

Aufruf zur Anarchie?

Frei herumlaufende Welpen machen noch keine Welpenspielstunde: Wenn an sogenannten Spielnachmittagen Welpen zusammen mit Junghunden

Rollenwechsel: Mal liegt der eine unten, kurz darauf sein Spielpartner Foto: H. Jung

bis zu einem Jahr frei herumtollen dürfen, dann lernen alle Beteiligten mit hoher Wahrscheinlichkeit das Verkehrte:
Nicht: Einmal bin ich beim Herumbalgen und Spielen oben, dann liege ich wieder unter meinem Spielpartner; sondern: Größere Hunde machen kleinere bzw. jüngere nieder.
Auch Welpenkurse, an denen 20 und mehr Welpen teilnehmen, sollte man mit Vorsicht beurteilen. Als Faustregel gilt, daß eine qualifizierte Aufsichtsperson nicht mehr als 6 bis maximal 8 Welpen betreuen kann, denn die Kleinen muß man ständig im Auge behalten. Und es sollte zudem genügend Zeit bleiben, um alle Fragen der frischgebackenen Hundebesitzer zu beantworten.
Die Spielpartner müssen zueinander passen. Nicht allein die Größe oder das Alter in Wochen sind ausschlaggebend, sondern auch die innere Reife. Schon in den ersten Wochen zeigen sich Früh- und Spätentwickler. Schüchterne Welpen sollen behutsam an die Gruppe gewöhnt werden, zu draufgängerische Welpen brauchen einen leichten Dämpfer, zum Beispiel durch einen erwachsenen Hund, der Welpen-erfahren ist.

An Welpenspielstunden sollten ausschließlich Hunde im Alter zwischen 8 und 20 Wochen teilnehmen. Gut geführte Spielstunden haben pro Betreuer nicht mehr als 6 bis 8 Welpen und bieten ein spezielles Lernprogramm an.

Nie lernt ein Hund so leicht wie im Welpenalter

Nie lernt ein Hund so leicht wie im Welpenalter, z.B. die Grundkommandos, und nie wieder wird er so neugierig sein auf die Dinge des Lebens, sei es ein wieherndes Pferd, eine stinkende Asphaltwalze oder das Getümmel in der Fußgängerzone. Bis zur 16. Woche steht das Spielen im Vordergrund, das heißt aber nicht, daß mit den Hunden nicht schon geübt wird. In guten Welpenspielstunden wird ein Programm angeboten, bei dem Welpe und Besitzer gemeinsam lernen, z.B.:

• **Wie man einen Welpen motiviert:** Besonders animierend finden Welpen Bewegungen des Menschen wie Davonrennen, Hüpfen, Winken oder Nachahmen der hündischen Spielaufforderung, aber auch durch die Stimme lassen sie sich „anfeuern" oder durch Spielzeug wie Kordel, Ball oder Quietschfiguren und nicht zuletzt durch Futter.
Manche Hundebesitzer möchten ihren Hund nicht mit Futter belohnen, weil sie glauben, der Hund würde durch zu viele Leckerlis „verdorben". Das

stimmt jedoch nicht. Nach den modernen Erkenntnissen der Lerntheorie ist es wichtig, den Hund nicht nur beim Neulernen, sondern auch weiterhin für seine Leistung zu belohnen. Nicht mehr für jedes „Sitz“, aber – ganz unregelmäßig – immer wieder einmal. Belohnung muß nicht immer Futter sein, auch Spielzeug, Streicheleinheiten oder Lob sind häufig sehr begehrt. Abwechslung hat auch den Vorteil, daß die Hunde weder auf Futter noch ein bestimmtes Spielzeug, wie z.B. den Ball, zu stark fixiert werden. Denn mit Hunden, die nur noch Futter oder Ball im Kopf haben, kann man nur schwer arbeiten.
Grundsätzlich ist es durchaus sinnvoll, daß ein Hund sein Futter nicht einfach hingestellt bekommt, sondern sich zumindest einen Teil über den Tag verteilt verdienen muß.

• **Wie man einen Welpen gewaltfrei in die nötigen Schranken verweist:** Ganz wichtig ist das Lernen der **Beißhemmung** (siehe Kapitel Der Welpe): Packt der Welpe zu fest zu, quietscht der Mensch auf und beendet das Spiel. Hilft das nichts, kann man ihm mit der Hand über den Nasenrücken greifen, wie das die Mutterhündin mit ihrer Schnauze macht.

Schnauzengriff: Greifen Sie dem Hund sanft über den Fang. So weisen Sie ihn behutsam und doch eindeutig in seine Schranken.
Foto: H. Jung

Ein weiterer Punkt auf dem Lernprogramm für Welpe und Besitzer ist die Frage, wie verhindere ich, daß ein **Hund an mir hoch springt.** Wenn man rechtzeitig erkennt, was der Welpe im Schilde führt, kann man mit der flachen Hand vor dem Hundekopf nach unten gehen. Ist der Hund schon im Sprung, dreht man sich demonstrativ weg: Solange der Welpe versucht hoch zu springen, ist er Luft für Sie. Anfangs kann es mehrere Wegdreh-Wiederholungen brauchen, bis der Welpe unser Desinteresse hinnimmt und mit den Pfoten am Boden bleibt. Dafür sollten Sie ihn jetzt belohnen, z.B. mit einem Spiel.

• **Wie man neue und daher für den Welpen bisweilen beängstigenden Situationen ohne Zwang bewältigt:** Beliebtes Beispiel ist der Stoff-Tunnel. Wenn ein Welpe sich nicht durchtraut, versucht man ihn mit Futter, Spielzeug durchzulocken oder mit Hilfe eines vorauskrabbelnden Welpens oder Kindes hindurch zu lotsen. Hilft alles nichts, klappt man den Tunnel zum Reifen zusammen, so schafft es jeder Welpe hindurchzusteigen. Dann kann man den Tunnel immer wieder ein bißchen länger machen, auf diese Weise kann selbst ein verzagter Welpe mit einem Erfolgserlebnis nach Hause gehen.

Spielzeugtunnel: Der erste Durchgang erfordert noch etwas Mut ... Foto: H. Jung

„Sitz" leicht gelernt: Hält man dem Welpen ein Leckerli vor die Nase, geht der Kopf hoch und das Hinterteil automatisch nach unten. Foto: H. Jung

Auch Spaziergänge – zum Beispiel in die Stadt oder zu Tiergehegen – können wünschenswerte Elemente des Welpenkurses sein. Je mehr Strukturen – z.B. Bänke, umgefallene Bäume, Pfosten, Wasserlauf – das Gelände bietet, desto mehr Eindrücke nehmen die Welpen fürs weitere Leben mit.

Ein weiteres Kriterium ist es, auf welche Weise man bei den Kleinen anfängt, die Grundkommandos „Sitz"-„Platz"-„Bleib"-„Fuß" sowie den Rückruf zu üben. Auch hier soll die Motivation im Vordergrund stehen, ein gutes Beispiel ist das Kommando „Sitz".
Wenn der Betreuer ein Leckerli über die Hundenase führt, so daß der Welpe sich automatisch hinsetzt, ist dies ein guter Weg. Wenn der Kursleiter hingegen das Kommando „Sitz" durch Handdruck auf das Hinterteil des Welpen erzielt, sollten Sie sich eventuell nach einer anderen Welpenspielstunde umsehen.
Von der 16. bis zur 20. Woche kann man mit den Welpen schon ein bißchen länger üben, das Konzentrationsvermögen nimmt zu. Dennoch ist es wichtig, die Welpen nicht zu überfordern, sondern den Spaß am Lernen und der Teamarbeit mit dem Menschen zu fördern.

Wenn ein Welpe müde wird, legt er sich hin oder er wird – im Gegenteil – „überdreht", wie man dies von Kindern kennt. Er hört nicht mehr auf seinen Besitzer, wechselt ständig den Spielpartner und reagiert kaum noch auf Spielzeug oder Leckerlis: Höchste Zeit für eine ausgiebige Ruhepause.
Fühlt sich ein Welpe überfordert, nicht nur, wenn er müde ist, sondern

auch dann, wenn ihm eine Aufgabe zu schwierig ist oder er sich unter Druck gesetzt fühlt, zeigt er – wie Menschen in vergleichbaren Situationen auch – Übersprungshandlungen, wie Gähnen, Sich-Kratzen oder Sich-das-Maul-Lecken.

Um die 20. Woche, das ist individuell sowie nach Rasse oder Typ ein bißchen unterschiedlich, wird es dann Zeit, in den Junghundekurs zu wechseln.

Müde Welpen ziehen sich gerne zurück.
Foto: H. Jung

So schnell und leicht wie im Welpenalter lernt ein Hund nie wieder. Deshalb ist dies die richtige Zeit, um mit ihm alltägliche Situationen, aber auch die Grundkommandos zu üben. Auf keinen Fall sollte man die Welpen durch langes Exerzieren überfordern, denn dann verlieren sie den Spaß!

Woran erkennt man eine gute Hundeschule?

Natürlich kann man seinem Hund selbst „Sitz“ und „Platz“ beibringen, aber in der Gruppe läßt es sich besser üben. Spielen animiert, aber auch die Lernstimmung steckt an. In der Gruppe läßt es sich daher leichter lernen. Außerdem ist die Ablenkung durch andere Hunde, sei es in der Hundeschule oder im Park, wichtig, um die Kommandos zu festigen.
Auch schon der Rückruf klappt in der Hundeschule oft besser als auf dem Spaziergang; nicht zuletzt deshalb, weil die Motivation eines Hundes sehr hoch ist, zum Schul-Rudel zurückzukommen. Der Besuch einer gut geführten Hundeschule ist daher gerade für Junghunde sehr zu empfehlen. Denn ohne sicheren Rückruf könnte man seinen Hund streng genommen allenfalls im hoch eingezäunten eigenen Garten von der Leine lassen.

Welche Hundeschule wähle ich?

Hunde können nur in entspannter Atmosphäre wirklich lernen. Deshalb ist es wichtig, daß sich nicht nur Ihr Hund, sondern daß auch Sie sich in der Hundeschule wohlfühlen, denn Ihre Stimmung überträgt sich auf den Hund.
Meist gibt es im Anschluß an die Welpenspielstunde Junghundekurse, dann fällt die Entscheidung leicht. Sie können jedoch alternativ auf mehreren Plätzen in Ihrer Nachbarschaft mit Ihrem Hund eine Probestunde machen, um die passende Hundeschule zu finden.
Wichtig ist es, daß der Hund als Partner gesehen wird. Er soll durch die

Die Körpersprache – der Mensch beugt sich vor – sowie als Motivation ein Leckerli erleichtern dem Hund zu verstehen, was der Mensch von ihm möchte: „Sitz“. Foto: H. Jung

Stimme, durch Körpersprache, Spielzeug oder Leckerlis motiviert werden, mit uns zu arbeiten, nicht durch Angst. Wenn die Hunde mit eingeklemmter Rute auf den Hundeplatz gehen, werden sie wenig lernen. Die Mühe und das Geld kann man sich hier sparen. In modernen Hundeschulen wird nicht herumgebrüllt, an der Leine gezerrt, gestraft, sondern die Hunde lernen durch Motivation. Die Belohnung folgt dann nach vollbrachter Tat unmittelbar binnen einer Sekunde – Streicheln, Loben oder auch ein Leckerli.

Die Gruppen sollten möglichst nicht mehr als 8 Hunde haben, da jeder Hund einzeln zeigen sollte, was er schon kann oder auch nicht. Nur dann kann der Hundetrainer Fehler korrigieren und Tips fürs Üben zuhause geben. Die Hunde sollten im Alter und Können einigermaßen zueinander passen.

Kleine Gruppen bis zu 8 Hunden sind ideal, die vom Alter bzw. im Können übereinstimmen sollten. Dazu ein entspanntes Klassenklima, Motivation statt Härte, dies ermöglicht es dem Hund, optimal zu lernen.

Keine Praxis ohne Theorie

Besprechen Sie am Anfang des Kurses mit dem Trainer, welches Ziel Sie mit Ihrem Hund gerne erreichen möchten, wie z.B. verläßlicher Rückruf von anderen Hunden weg oder entspanntes Gehen an der Leine, ohne daß der Hund zieht.
Hierfür ist es wichtig, daß der Unterricht nicht immer auf dem gleichen Platz stattfindet. Sonst trifft der „zuhause kann er ‚Sitz‘“-Effekt auch auf dem Hundeplatz zu: Hier kann er die Kommandos, aber auf der Nachbarwiese eben leider nicht (siehe Kapitel Lernen).
Neben den praktischen Übungen sollten auch die Grundsätze des Hundeverhaltens sowie der angewandten Erziehungsmethoden erklärt werden. Sie sollen verstehen, warum etwas genau so gemacht wird. Gerade, wenn ein Hund nicht das tut, was man von ihm möchte, sollte man ganz bewußt ruhig bleiben und ganz gezielt versuchen, den Hund zu dem gewünschten Verhalten zu motivieren.

Und Sie sollten lernen, wie Sie sich mit Ihrem Hund in der Öffentlichkeit korrekt benehmen (siehe Kapitel Öffentlichkeit). Viele Hundeschulen geben den Besitzern schon Informationsblätter mit, damit sie das Gehörte zuhause nachbereiten können.

Umgang mit Problemen: In einer guten Hundeschule wird zu Beginn vorsorglich erklärt, wie man sich bei einem möglichen Problem wie einer Rauferei richtig verhalten sollte. Dann wissen alle, was im Ernstfall zu tun ist (siehe Kapitel Konfliktsituationen).

Auch andere Schwierigkeiten sollen im Kurs besprochen werden. Falls nötig, erhält ein Problemhund für eine gewisse Zeit Einzelunterricht, bis er wieder in die Gruppe zurückkehren kann.

In guten Hundeschulen wird erklärt, warum man eine Übung so und nicht anders machen sollte. Auch Theorie über Hundeverhalten sowie das korrekte Auftreten mit dem Hund in der Öffentlichkeit sollten auf dem Lehrplan stehen.

Checkliste für die Wahl einer Hundeschule bzw. eines Hundevereines

Mancherorts gibt es nicht viel Auswahl, dennoch sollte man auch dann folgende Kriterien anwenden, um sich ein Urteil zu bilden, bevor man sich für eine Hundeschule oder einen Hundeverein entscheidet:

1. Man darf mit seinem Hund eine Probestunde machen und muß nicht von vornherein einen Kurs belegen.
2. In der Regel sind maximal 8 in etwa gleichaltrige Hunde pro Kurs zugelassen.
3. Die Hunde werden mit Stimme, Futter oder Spiel motiviert, genau das zu wollen, was wir auch möchten. Härte und körperliche Strafen gibt es hingegen nicht.
4. Der Kurs findet nicht nur am Hundeplatz statt, sondern es werden zusätzliche Übungen wie z.B. ein Stadtspaziergang angeboten.
5. Neue Hunde werden umsichtig in die Gruppe integriert, um Raufereien zu vermeiden.
6. Theoretischer Unterricht ergänzt die praktische Arbeit mit den Hunden.
7. Hund und Besitzer sollen Spaß am Unterricht haben.
8. Problemhunde werden nicht weggeschickt, sondern besonders intensiv betreut, eventuell auch in Zusammenarbeit mit einem Verhaltenstherapeuten.

Wenn Sie mehrere Hundeschulen zur Auswahl haben, können Sie jeweils eine Probestunde absolvieren und sich dann entscheiden. Auf jeden Fall sollten Sie klären, ob mit den modernen, gewaltfreien Erziehungsmethoden (Motivation) gearbeitet wird. Wenn nicht: Besser keine Hundeschule besuchen als eine schlechte!

Rangordnung

Dorothea Döring-Schätzl

Die Bedeutung der Rangordnung

Wölfe leben in Familienverbänden mit einer stabilen Rangordnung. Es gibt einen Wolf und eine Wölfin, die an der Spitze der Ordnung stehen und „das Sagen haben". Sie bestimmen, was gemacht wird, z.B. wann die Gruppe ruht, jagt oder wohin sie wandert, und nur diese beiden Tiere dürfen sich fortpflanzen. Die anderen Gruppenmitglieder richten sich nach den ranghöchsten Tieren. Sie ruhen, wenn die „Chefs" ruhen, sie stehen auf, wenn die „Chefs" dies vorgeben. Ebenso verhalten sich viele Hunde, die zu unseren Füßen liegen, solange wir am Schreibtisch oder vor dem Fernseher sitzen, aber sofort zur Stelle sind, wenn wir aufstehen und aktiv werden.

Eine Rangordnung hat für das Zusammenleben sozialer Tiere eine sehr große Bedeutung. Wenn klar ist, wer bestimmt, kommt es zu keinen Konflikten. Jedes Tier kennt seine Position in dieser Ordnung und weiß, welche Rolle ihm zukommt. Dies sorgt für Frieden und Sicherheit.

Gäbe es in Hundegruppen keine Rangordnung, gäbe es ständig um alles Streit.

Ranghohe Tiere haben dadurch Vorteile, daß sie vieles entscheiden und bestimmen können. Sie dürfen sich zum Beispiel den besten Ruheplatz aussuchen, haben zu begehrten Orten oder Dingen als erstes Zugang und dürfen gemeinsame Unternehmungen anführen.
Als „Gruppenchef" hat man jedoch nicht nur besondere Rechte, sondern auch viele Pflichten. Die ranghohen Tiere fühlen sich verantwortlich für die Sicherheit der Gruppe, müssen wachsam sein und jede Situation unter Kontrolle haben. Die rangniedrigen Tiere dagegen können sich getrost der Leitung der anderen anvertrauen und sich geborgen fühlen. Dafür müssen sie

aber mit den weniger guten Plätzen zufrieden sein und kommen bei der Fortpflanzung nicht zum Zuge.

Eine stabile Rangordnung ist in Wolfs- oder Hundegruppen wichtig für ein friedliches Zusammenleben. Jedes Gruppenmitglied kennt seinen Platz in dieser Ordnung. Die ranghöchsten Tiere genießen viele Vorrechte, haben aber auch anstrengende „Pflichten".

Hund oder Mensch – wer hat hier das Sagen?

Hunden ist eine Art „Rangordnungsdenken" angeboren. Sie kennen keine Demokratie. Ein heranwachsender Junghund sucht daher seinen Platz in der sozialen Rangordnung. Er probiert immer mal wieder aus, wie weit er bestimmen darf. Dabei beobachtet uns der Hund genau: Und aus unseren Reaktionen liest er seine Rangposition ab. Daher ist es so immens wichtig, dem Hund – liebevoll, aber bestimmt! – klare Grenzen zu setzen.

Das Schwierige bei der Sache ist: Wir finden viele Dinge gar nicht so wichtig, die für den Hund aber von großer Bedeutung sind. Wie sieht es zum Beispiel mit dem Bestimmen aus? Lesen Sie Ihrem Hund alle Wünsche von den Augen ab? Gehen Sie auf ihn ein, wenn er ankommt und Sie anstupst? Spielen Sie mit ihm, wenn er Sie dazu auffordert? Oder öffnen Sie ihm die Terrassentür, wenn er davor steht und auffordernd bellt? Das ist wirklich sehr nett und aufmerksam von Ihnen! Ihr Hund bekommt so jedoch immer wieder gesagt, daß er bestimmen darf – und nach Hundelogik ist man dann der „Chef", also ganz oben in der Rangordnung!

Hunden ist eine Art „Rangordnungsdenken" angeboren.

Ähnlich ist es beim Thema Fernsehsessel: Darf Ihr Hund auf Ihren Lieblingssitzplatz? Wenn Sie ihm dies erlauben oder ihm sogar Platz machen, wenn er kommt, kann der Hund dies als „Ehrerbietung" ansehen und sich in seiner vermeintlich hohen Rangposition bestätigt fühlen.

Viele Hundehalter verhalten sich zu ihrem Tier wie einem kleinen Kind gegenüber. Sie wollen es verwöhnen, in seiner Persönlichkeitsentwicklung fördern und sind zufrieden, wenn es einen „Dickkopf" entwickelt. Der Hund wird häufig als beinahe gleichberechtigter Partner behandelt. Der Vierbeiner soll doch nicht kürzer kommen als die anderen Familienmitglieder! Viele Hunde passen sich problemlos in diese vermenschlichte Rolle ein. Einige sind damit jedoch völlig überfordert. Nicht selten können sich hieraus Verhaltensprobleme, z.B. Aggressionsprobleme, entwickeln. Der Hund reagiert damit meist nur logisch und konsequent auf ein inkonsequentes und vermenschlichendes Verhalten seiner Besitzer. Diese Situation kann katastrophal enden!

Hunde kennen keine Demokratie. Daher sind viele Hunde überfordert, wenn sie von ihren Besitzern wie gleichberechtigte Familienmitglieder behandelt werden. Hunde brauchen klare Regeln im Zusammenleben, damit sie sich wohl fühlen können.

Was kann passieren, wenn sich ein Hund für den „Familienchef" hält?

Wird ein Hund in den Kleinigkeiten des Alltags ständig unabsichtlich darin bestätigt, sich ranghoch zu fühlen, darf man sich nicht wundern, wenn er im Zweifelsfall auch wie ein Rudelchef reagiert. Aus Hundesicht haben die ranghöchsten Gruppenmitglieder Rechte und Pflichten. Und ihre vermeintlichen Rechte setzen manche Hunde mit den arteigenen Mitteln (z.B. mit den Zähnen) durch. So kann es vorkommen, daß der vierbeinige „Chef" die begehrtesten Ruheplätze wie Sofa, Sessel oder Bett gegenüber dem rangniedrigeren Zweibeiner durch Knurren oder Schnappen verteidigt, ihn von seinem Lieblingsspielzeug oder Futter fernhält und den Gehorsam verweigert. Für den Menschen sieht dies Verhalten „undankbar" aus, für den Hund ist es die logische Konsequenz aus dem, was er im Umgang mit seinem Besitzer gelernt hat. Die Konflikte zwischen Hund und Mensch können soweit gehen, daß der Hund bestimmte Teile der Wohnung (z.B. die Küche, in der das Futter steht, Türdurchgänge, das Schlafzimmer) für sich beansprucht und mit Knurren und Einsatz der Zähne gegen Familienmitglieder verteidigt.

Manche Hunde, die ihre Rangposition falsch einschätzen, können gefährlich werden. So kann es zu schweren Bissen kommen, wenn ein Hund seine vermeintlichen Privilegien gegen den Menschen verteidigen möchte.

Probleme mit der Rangordnung? Das kann eines Tages zu einem bösen Erwachen führen!

Chefsein ist anstrengend

Da die Rudelchefs nicht nur Rechte haben, sondern auch Pflichten, fühlen sich viele Hunde für ihre Gruppenmitglieder verantwortlich. Sie sind unter dem Druck, alle Familienmitglieder unter Kontrolle zu haben, sind ständig wachsam, kommen nicht zur Ruhe, verteidigen ihre Menschen gegen vermeintliche Eindringlinge und bedrohen zum Beispiel sogar die nettesten Besucher. Viele Hunde sind mit diesen anstrengenden Pflichten völlig überfordert.

Gelingt eine freundliche, gewaltfreie Einweisung in die niedrigste Rangposition in der Familie (und nur diese steht dem Hund zu!), machen solche Hunde einen regelrecht erleichterten Eindruck. Sie können sich entspannen und auf die Führung der Menschen vertrauen, die nun ihrerseits entscheiden können, welche Besucher nett sind und daher vom Hund akzeptiert werden sollen.

Der Hund in der Chefetage? So tun Sie weder sich selbst noch Ihrem Hund einen Gefallen!

Eine niedrige Rangposition ist für einen Hund nichts Schlimmes. Die meisten Hunde sind unterordnungsbereit und fühlen sich bei einer souveränen und liebevollen Leitung durch ihre Menschen erst richtig wohl.

So zeigen Sie Ihrem Hund, wer das Sagen hat

Sie müssen weder groß, noch stark sein oder laut schreien können, damit Sie Ihr Hund für voll nimmt. Eine hohe Rangposition hat überhaupt nichts mit Gewalt oder Härte zu tun. Im Gegenteil, Sie wollen ja nicht der Feind Ihres Hundes werden, sondern der souveräne Freund, der den Hund leitet, der ihm Sicherheit gibt und dem er vertrauen kann. Ihr Hund soll sich bei Ihnen geborgen fühlen. Wird er von Ihnen im Nackenfell geschüttelt, auf den Rücken geworfen, geschlagen oder beschimpft, kann er sich bei Ihnen nicht sicher und wohl fühlen. Außerdem besteht dann die Gefahr, daß die Gewalt eskaliert. Durch direkte Bestrafung wird der Hund eventuell noch aggressiver und kann seinem Besitzer schwere Verletzungen zufügen. Sie brauchen es also gar nicht auf ein Kräftemessen ankommen zu lassen, der Hund hat sowieso bessere Zähne als Sie. Durch Kenntnisse des Hundeverhaltens und eine konsequente Anwendung der folgenden Regeln im Alltag kann man sich viel effektiver bei seinem Vierbeiner durchsetzen. Machen Sie sich bewußt, daß Ihr Hund in allem völlig von Ihnen abhängig ist, und setzen Sie dieses Wissen in der Hundeerziehung ein.

Eine hohe Rangposition hat nichts mit Gewalt oder Härte zu tun. Sie haben bei der Hundeerziehung mit „friedlichen" Mitteln den besten Erfolg.

Regeln zur Rangordnungserziehung

Folgende Regel müssen Sie unbedingt ganz konsequent einhalten, wenn sich abzeichnet, daß sich Ihr Hund sehr ranghoch fühlt (siehe unten) oder wenn er bereits Probleme macht, z.B. schon einmal jemanden – ein Familienmitglied oder jemand anderes – angeknurrt oder aggressiv angebellt hat. Bei ganz unproblematischen und freundlichen Hunden muß man diese Regeln nicht so konsequent befolgen. Aber schaden tut es keinem Hund, im Gegenteil, jedem Hund geht es besonders gut, wenn es freundliche und hundegerechte Regeln und deren konsequente Umsetzung im Alltag gibt.

1. Wer bestimmt?

Zeigen Sie Ihrem Hund, daß Sie über ihn und alles, was ihn angeht (Zärtlichkeit, Futter, Spiel, Spaziergang usw.), bestimmen. Gehen Sie nicht immer auf ihn ein, wenn er zu Ihnen kommt, Sie anstupst, die Pfote auflegt oder fiept. Am besten ignorieren Sie sein forderndes Verhalten völlig, auch wenn es Ihnen schwerfällt. Das heißt nicht, daß Sie Ihrem Hund grundsätzlich keine Aufmerksamkeit mehr geben dürfen. Im Gegenteil: Der Hund ist ein soziales Wesen mit einem großen Bedürfnis an Zuwendung und Ansprache. Es geht nur darum, daß Sie und nicht Ihr Hund den Zeitpunkt des Sozialkontaktes bestimmen. Geben Sie ihm Zuwendung und Aufmerksamkeit, Körperkontakt

wie Streicheln auf Ihre Initiative hin – aber behandeln Sie ihn wie Luft, wenn er Ihre Aufmerksamkeit auf sich ziehen möchte.
Konkret sieht das Ganze so aus: Rufen Sie den Hund, lassen Sie ihn „Sitz“ oder „Platz“ machen, und schmusen Sie dann mit ihm. Rufen Sie ihn, lassen Sie ihn „Sitz“ machen, und spielen dann mit ihm usw.

Der Hund sollte nichts bestimmen dürfen. Immer sind Sie, die Menschen, die Aktiven, die entscheiden, was wann gemacht wird (Streicheln, Gassigehen, Füttern, Spielen usw.).

Die Besitzerin ignoriert hier die Annäherungsversuche des Hundes, um ihm zu zeigen, daß er nicht über sie bestimmen kann.

2. Erst einmal hinsetzen

Es sollte Ihnen und Ihrem Hund in Fleisch und Blut übergehen, daß sich Ihr Vierbeiner immer erst einmal hinsetzen muß, bevor er etwas bekommt, woran ihm liegt. Das heißt, bevor Sie mit ihm schmusen, spielen, ihm Futter geben oder ihn zum Spaziergang anleinen, bevor er die Haustür verlassen oder aus dem Auto springen darf, muß er erst einmal das Kommando „Sitz“ oder „Platz“ befolgen. Diese Übung hat gleich mehrere positive Effekte. Ihr Hund bekommt so immer wieder gezeigt, daß Sie über ihn bestimmen. Das Kleinmachen beim „Sitz“ oder „Platz“ auf Ihren Befehl zeigt ihm, daß er einen niedrigen Rangplatz hat. Ihr Hund wird sehr gehorsam und orientiert sich an Ihnen. Und schließlich wird er in Disziplin und Selbstbeherrschung geschult, was recht praktisch und angenehm ist. Bitte vergessen Sie nicht, daß Sie auch das Kommando wieder aufheben. Sonst entscheiden Sie zwar, daß der Hund „Sitz“ macht, er aber entscheidet, wann er wieder aufstehen darf.
Um etwas Abwechslung in diese kleinen Alltagsübungen zu bringen, können Sie später die Kommandos

Lassen Sie Ihren Hund erst einmal „Sitz“ machen, bevor Sie mit ihm schmusen.
Foto: D. Döring-Schätzl

auch wechseln, z.B. auch einmal „Gib Pfötchen" von ihm verlangen, bevor Sie ihn streicheln oder bevor er sein Futter erhält.

Bevor Sie sich mit dem Hund beschäftigen oder er etwas Schönes tun darf, muß er erst einmal einen Befehl befolgen und sich dabei klein machen („Sitz" oder „Platz").

3. Übung macht den Meister

Führen Sie immer wieder „grundlos" kleine Gehorsamsübungen mit Ihrem Hund durch, sowohl zuhause im Alltag als auch draußen beim Spaziergang. Üben Sie „Komm", „Sitz", „Platz", „Bleib", „Fuß" oder auch kleine Kunststücke. Hierdurch wird nicht nur der Gehorsam gefördert, sondern auch die Unterordnung, Sie sind für Ihren Hund interessant und haben gemeinsam Spaß. Wichtig ist dabei: Vergessen Sie nicht, Ihren Hund sofort zu belohnen, z.B. zu loben. Schließlich soll das Ganze ja allen Beteiligten Freude machen.

Machen Sie häufiges Gehorsamstraining drinnen und draußen mit dem Hund. Für einen befolgten Befehl wird der Hund immer belohnt, z.B. durch Ihr Lob.

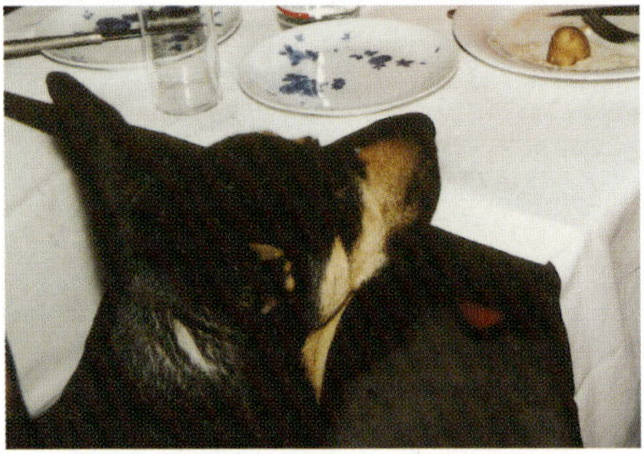

Betteln lohnt nicht: Ihr Hund sollte nichts vom Eßtisch erhalten. Foto: D. Döring-Schätzl

4. Essen und Fressen

Speisen für den Menschen sind in der Regel nicht für Hunde geeignet, sowohl aus gesundheitlichen, als auch aus Erziehungsgründen. Geben Sie Ihrem Hund daher nichts von Ihrem Eßtisch. Dann wird Ihr Hund auch nicht betteln.

Lassen Sie Ihren Hund „Sitz" machen und warten, während Sie seinen Napf füllen, und geben Sie ihm dann das Kommando, daß er fressen darf. So bestimmen Sie über ihn und das Futter.

Geben Sie keine Leckerbissen „einfach so" nebenher, sondern immer nur für das Befolgen eines Befehls (z.B. „Sitz", „Platz"). Beachten Sie dabei den richtigen Belohnungszeitpunkt, d.h. geben Sie das Leckerchen sofort – innerhalb einer Sekunde (siehe Kapitel Lernen)!

Geben Sie Ihrem Hund nichts von Ihrem Essen ab.
Geben Sie Ihrem Hund Futterbelohnungen nur für einen ausgeführten Befehl und nie „einfach so" zwischendurch.

5. Spiel oder Ernst?

Auch beim Spiel können Sie Ihrem Hund freundlich zeigen, daß Sie die Oberhand haben. Bestimmen Sie über den Zeitpunkt des Spiels, indem Sie (und nicht der Hund) damit beginnen. Wenn Sie am Spielende Ihrem Hund die Spielzeugbeute überlassen, glaubt er, daß er das Spiel „gewonnen" hat. Beenden Sie daher das Spiel selbst und packen Sie das Spielzeug weg. Wenn Sie im Spiel gebissen oder gezwickt werden, brechen Sie es selbstverständlich sofort ab (siehe Kapitel Spiel). Diese Regel gilt auch, wenn der Hund in Ihre Kleidung, z.B. ins Hosenbein beißt.

Sie bestimmen, wann gespielt wird, und behalten nach dem Spiel das Spielzeug.
Lassen Sie sich im Spiel nicht von Ihrem Hund beißen oder zwicken. Brechen Sie sofort das Spiel ab.

6. Wo wird geruht?

Lassen Sie Ihren Hund nicht auf Möbel und nicht mit ins Bett. Sonst kommt es womöglich wieder zu einem Mißverständnis bezüglich der Rangordnung. Erhöhte Sitzplätze haben für den Vierbeiner nämlich die Bedeutung, daß sie für die Ranghöchsten bestimmt sind. Sitzt man weit oben, steht man nach Hundelogik auch hoch im Rang.
Für das rangniedrigste Familienmitglied (also den Hund) sollten daher nur Sitz- und Ruheplätze unten am Boden zur Verfügung stehen.
Richten Sie Ihrem Hund einen festen Platz in der Wohnung ein, „seinen Platz". Dieser Ort soll für den Hund gemütlich und angenehm sein. Üben Sie mit dem Hund, daß er auf Kommando auf seinen Platz geht. Loben Sie ihn, wenn er den Befehl befolgt. Dieser Platz sollte kein Strafort sein, das Kommando „Geh auf deinen Platz!" sollte also nicht als Bestrafung eingesetzt werden.

Wer ist hier der Chef?

Der Hund darf auf keine Möbel und nicht mit im Bett schlafen.

Wer ist hier der Chef?

7. Wer weicht vor wem aus?

Viele Hunde lieben es, immer mitten im Weg zu liegen, ausgerechnet dort, wo jeder über sie stolpert. Hunde liegen gerne im Flur oder blockieren einen Türdurchgang, damit sie alles, was passiert, beobachten können und unter Kontrolle haben. Wenn Sie es tolerieren, daß Ihr Hund im Weg liegt, und über ihn hinweg oder um ihn herum steigen, lernt Ihr Hund, daß Sie ihm ausgewichen sind und seinen Platz akzeptiert haben. Nach Hundelogik haben Sie sich damit als rangniedrig erwiesen. Ihre Höflichkeit ist hier also fehl am Platze. Lassen Sie Ihren Hund ruhig aufstehen und aus dem Weg gehen, wenn Sie kommen und vorbei wollen. Ein bißchen Bewegung kann dem Hund nicht schaden, und Sie tun – mal wieder ganz nebenbei – etwas Wichtiges für die richtige Rangordnung!

Wenn Ihr Hund im Weg liegt, muß er aufstehen und Sie durchlassen. Bestimmen Sie über den Aufenthaltsort des Hundes. Schicken Sie den Hund beispielsweise öfter einmal auf seinen Platz und loben Sie ihn dafür.

Erst geht der Mensch durch die Tür, dann der Hund. Foto: D. Döring-Schätzl

8. Wer hat „die Nase vorn"?

Viele Hundebesitzer kennen das: Sobald es zum Spaziergang losgeht, ist der Hund der erste, der zur Tür herausschießt. Haben Sie eigentlich schon einmal darüber nachgedacht, daß die Reihenfolge beim Treten durch einen Engpaß auch etwas mit der Reihenfolge bei der Rangordnung zu tun haben kann? Zeigen Sie Ihrem Hund auch in dieser alltäglichen Situation, daß Sie „die Nase vorn" haben und daher als erstes durch die Tür treten. Ihr Hund soll zuerst „Sitz" machen und geduldig warten, bis Sie bzw. die anderen Familienmitglieder durch die Tür gegangen sind. Diese Übung stabilisiert die Rangordnung und trainiert gleichzeitig Gehorsam und Disziplin.

Ihr Hund erwartet von Ihnen als „Rudelchef“ die Richtungsvorgabe bei allen Unternehmungen. Überlassen Sie daher die Wahl des Spazierwegs nicht Ihrem Hund, sondern demonstrieren Sie ihm Ihre Entscheidungsfreiheit, indem Sie ab und zu unvorhergesehen die Richtung beim Spaziergang wechseln. So erreichen Sie, daß Sie Ihr Hund im Auge behält und sich nach Ihnen richtet.

Der Hund darf erst nach Ihnen durch eine Tür oder einen Engpaß laufen. Bestimmen Sie beim Spaziergang die Richtung und wechseln Sie diese öfters ohne Vorwarnung.

9. Berührungen und Blicke

Wenn Sie Ihrem Hund über die Schnauze greifen, ihm ins Maul schauen, sich breitbeinig über ihn stellen, ihm die Pfoten abputzen, ihn bürsten, ihm in die Augen sehen oder sich seinen Bauch anschauen, während er auf dem Rücken liegt, führen Sie aus Hundesicht sehr dominante Gesten aus.

Das Abputzen der Pfoten ist dem Hund gegenüber eine dominante Geste.
Foto: D. Döring-Schätzl

ACHTUNG! Ein Hund, der sich ranghoch fühlt, kann diese Handlungen als „Zumutung“ empfinden und den Besitzer mit Knurren oder Schnappen in seine Schranken verweisen. Darauf sollte man gefaßt sein und am besten diese Dinge bei einem solchen Hund vorerst bleiben lassen. Wenn sich Ihr Hund in diesen Situationen aggressiv zeigt, sollten Sie dringend bei einem Spezialisten Rat einholen und das Ranggefüge behutsam (unter Anleitung) wieder ins Lot bringen. Lesen Sie dazu auch bitte das Kapitel Richtig reagieren.
Auch ein ängstlicher Hund wird in den genannten Situationen eventuell mit Gegenwehr reagieren. An der Körpersprache des Hundes können Sie erkennen, ob Ihr Hund vor Ihnen Angst hat (Kapitel Körpersprache). In diesem Fall sollten Sie behutsam mit Ihrem Hund üben und ihm die Maßnahmen mit Belohnung „schmackhaft“ machen.
Ansonsten sind diese kleinen Gesten (z.B. Berührungen, Streicheln über der Schnauze usw.) und Handlungen am Hund eine gute Möglichkeit, freundlich die eigene hohe Rangposition zu verdeutlichen, zum anderen den Hund an diese Manipulationen zu gewöhnen, was sehr praktisch ist. Oder finden Sie es schön, wenn Ihr Hund zappelt, wenn Sie ihm die Pfoten abputzen oder eine Zecke entfernen wollen?

Der Hund sollte sich überall anfassen und bürsten lassen. Das kann man von klein auf üben. Foto: D. Döring-Schätzl

Bürsten Sie Ihren Hund häufig und üben Sie mit ihm regelmäßig Ins-Maul-Schauen, Pfoten anfassen, den Bauch anschauen usw. Manche Berührungen empfindet ein Hund als dominante Geste, z.B. wenn Sie ihm über die Schnauze greifen oder ihn von oben streicheln.
Vorsicht jedoch bei Hunden mit Rangordnungsproblemen oder Angst! Bei diesen sollten Sie diese Manipulationen vorerst tunlichst vermeiden und dringend professionelle Hilfe einholen.

So erkennen Sie, ob sich Ihr Hund ranghoch fühlt

Viele Hunde, die sich ranghoch fühlen, machen einen sehr selbständigen Eindruck. Sie passen sich nicht in ihrer Aktivität der ihrer Besitzer an, sondern tun, was sie möchten, und entscheiden selbst über sich. Sie fordern das, was sie wollen, aktiv ein. Sie kommen zum Streicheln, drängen sich regelrecht auf, und gehen, wenn sie wieder genug davon haben. Auch das „Anrempeln" kann ein Zeichen dafür sein, daß ein Hund einem anderen (Hund oder Menschen) gegenüber seine hohe Rangposition zeigen möchte. Eventuell verteidigen Hunde, die sich ranghoch fühlen, Gegenstände oder Orte, die ihnen wichtig sind, gegen Familienmitglieder. Sie legen sich auf Möbel, widersetzen sich Befehlen, gehorchen oft im Alltag schlecht, auch wenn sie auf dem Hundeplatz alle Aufgaben gut befolgen. Sie machen sich häufig groß, mit durchgestreckten Beinen und erhobenem Schwanz. Auch mit Kopf-Auflegen oder Aufreiten kann ein Hund versuchen, seine Überlegenheit zu zeigen. Im Gegensatz zu einem eher unterwürfigen Hund meidet ein Hund, der sich ranghoch fühlt, weniger den Blickkontakt.

Warnung!
Wenn Ihr Hund Sie oder ein Familienmitglied bedroht (durch Knurren oder gar Schnappen), sollten Sie unbedingt den Rat eines Spezialisten einholen. Sie sollten den Hund auf keinen Fall durch z.B. Schläge bestrafen oder ihm mit Gewalt zeigen, wer „der Stärkere" ist. Denn solche Maßnahmen sind zum einen für Sie gefährlich, zum anderen helfen Sie nicht, ein langfristig stabiles Rang- und Vertrauensverhältnis aufzubauen.

Lesen Sie dazu bitte auch das Kapitel Richtig reagieren.

Das Thema Verhalten und Rangordnung ist viel komplizierter, als es hier in Kürze dargestellt werden kann. Wenn Sie bei Ihrem Hund unsicher sind, holen Sie sich bitte kompetenten Rat ein (siehe Ansprechpartner im Anhang).

Übersicht über die Erziehungsregeln zur Vermeidung von Rangordnungsproblemen:

- der Mensch bestimmt über alle Aktivitäten
- bevor es etwas Angenehmes gibt, muß der Hund erst einen Befehl befolgen
- häufiges Gehorsamstraining
- Futter gibt es nur für einen befolgten Befehl
- es gibt nichts vom Eßtisch
- der Mensch bestimmt und gewinnt das gemeinsame Spiel
- beim Spiel mit Menschen ist Beißen verboten
- Möbel sind für den Hund tabu
- der Hund muß aus dem Weg gehen
- der Mensch bestimmt über den Platz des Hundes
- erst geht der Mensch durch die Tür, dann der Hund
- der Mensch bestimmt beim Spaziergang die Richtung
- dominante Gesten (Kämmen, Über-Schnauze-Greifen usw.) festigen die Rangordnung, können bei problematischen Hunden aber auch Aggression auslösen (Vorsicht!)

Unterordnung hat nichts mit Zwang oder Gewalt zu tun.

Familie: Hund und Familie

Hildegard Jung

Hunde bereichern unser Leben wie kein anderes Haustier, denn als soziale Rudeltiere fügen sich Hunde einfach optimal in unser Familienleben ein. Man könnte glatt vergessen, daß sie keine Menschen sind. Und das ist genau der Punkt, warum es im Einzelfall zu Problemen kommen kann. Wir müssen es den Hunden zugute halten, daß dank ihrer sozialen Toleranz und Anpassungsfähigkeit in schätzungsweise 90 % der Hundehaushalte das Zusammenleben weitgehend unauffällig vonstatten geht. Doch es gibt auch Hunde, die mit dieser Situation nicht zurecht kommen; dies kann zu Auseinandersetzung mit dem Menschen führen.

Gut meinen bringt weinen: Selbstverwirklichung

Im Zusammenleben mit dem Hund gibt es nicht selten ein Problem, wir Menschen meinen es einfach zu gut. Nicht nur, daß Liebe durch den Magen zu gehen scheint, weshalb für den (übergewichtigen) Hund vom Rinderfilet bis zur Cognacbohne nichts zu gut ist; wir wollen auch, daß der Hund, obwohl er im Menschenrudel lebt, doch „ganz Hund“ sein soll und sich voll verwirklichen kann, was immer sich der einzelne Mensch darunter vorstellen mag. Das heißt zum Beispiel, daß man seinem Hund möglichst viel Freiheit zubilligen möchte (siehe Kapitel Öffentlichkeit). Ein Mißverständnis, weil wir den Hund vermenschlichen. Für uns bedeutet es Gängelei, jeden Morgen um 8 Uhr im Büro zu erscheinen. Der Hund hingegen findet es wunderbar, und es gibt ihm zudem Sicherheit, wenn er jeden Morgen um 7 Uhr Gassi gehen darf.

Und weil wir uns mit dem Hund ein bißchen vermeintlich unberührte Natur ins Haus holen, möchten wir dem Hund die Freiheit, nach der wir uns insgeheim sehnen, zumindest zeitweilig zubilligen: Überspitzt ausgedrückt, im Park darf er den „wilden Wolf spielen“, völlig unabhängig herumtollen und selbst bestimmen, wonach ihm der Sinn steht. Zuhause soll er dann wieder artig kuschen, am besten ein liebes, ruhiges Plüschtier sein. Aus Hundesicht ein kompliziertes, völlig undurchsichtiges System. Denn bei Wölfen gibt der Leitwolf sowohl in aktiven wie in Ruhephasen den Ton an.

Wenn diese klare Linie fehlt, wird ein Hund immer wieder versuchen, ob er nicht doch herauskriegen kann, wer denn nun wirklich das Sagen hat (siehe Kapitel Rangordnung).

Im Einzelfall kann dies dazu führen, daß der Hund seine Menschen probehalber in die Schranken weist und schaut, was dann passiert. Erschrickt der Mensch, dann ist das eine nachhaltige Erfahrung für den Hund. Bleibt der Mensch ruhig und schickt den Hund auf seinen Platz, ist die Situation vorerst bereinigt. Man muß so eine Warnung aber ernst nehmen und künftig konsequent darauf achten, daß man die 13 Regeln der friedlichen Rangordnung im Alltag wirklich umsetzt (siehe Kapitel Rangordnung).

Das Leben als Hund im Menschenrudel bedeutet einen Kompromiß, den der Hund nur dank seiner enormen Lern- und Anpassungsfähigkeit bewerkstelligen kann. Gerade deshalb ist es wichtig, daß sein Leitmensch diese Führungsposition rund um die Uhr für ihn ausübt, so daß der Hund sich auf seinen Menschen – im Haus wie im Freien – verlassen kann.

Wie man sich bettet, so lebt man!

Für uns ist es eine Frage der Bequemlichkeit, ob wir auf einer Luxusmatratze im Bett oder auf dem blanken Fußboden schlafen. Für den Hund ist dies vor allem Ausdruck der eigenen Position, denn der beste Platz gebührt dem Rudelchef.

Daher kann es im Einzelfall heikel werden, dem Hund ein eigenes Sofa einzuräumen, da er sich dann auf gleicher (Rang-)Höhe mit uns befindet.

Hunde ohne Rangordnungsproblem dürfen aufs Bett. Foto: H. Jung

Die meisten Hunde haben wenig Chefallüren, man könnte sie daher unbesorgt ins Bett oder auf die Couch lassen. Doch da man bei einem jungen Hund noch nicht so genau weiß, wie er sich entwickeln wird, sollte man ein Sicherheitssystem einbauen: Der Hund darf nur auf Kommando auf unsere Ruheplätze springen und er muß sie jederzeit auf unser Kommando wieder verlassen. Wer ganz sicher gehen will, sollte seinem Hund erhöhte Plätze generell untersagen.

Hunde, die unsere Rangposition antasten, dürfen nie wieder auf einen erhöhten Platz, das könnte ernsthaft gefährlich werden – für uns oder schwächere Familienmitglieder (siehe Kapitel Rangordnung).

Um jeden Zweifel an unserer Rangposition von vornherein auszuschließen, sollten wir darauf bestehen, daß der Hund nur mit unserer ausdrücklichen Erlaubnis, z.B. „Hopp“, auf unseren Olymp kommen darf. Bei Hunden ohne Chefallüren ist es nicht schlimm, wenn sie im Bett oder auf der Couch schlafen.

Die Familie muß zusammenhalten!

Hunde haben den ganzen Tag Zeit, uns zu beobachten. Sie wissen daher genau, daß vielleicht eines der Kinder, z. B. das jüngste, oder die gebrechli-

che Großmutter das Schlußlicht in der menschlichen Rangordnung einnimmt. Doch wenn die Rangordnung nicht feststeht, kann es Probleme geben: Der Hund sollte in der Familie ganz am Schluß stehen.
Sowie man bemerkt, daß der Hund diesem Familienmitglied demonstrativ nicht folgt oder er es sogar wagt, dieses knurrend in die Schranken zu verweisen, sollten Sie unbedingt fachkundigen Rat einholen. So eine Situation kann schnell eskalieren.
Es gibt auch Hunde, die zum Beispiel Ehepaare „gegeneinander ausspielen“, ganz so, wie gewitzte Kinder dies zu ihrem Vorteil tun. Gibt mir der eine kein Leckerli, gehe ich zum anderen. Läßt sie mich nicht auf die neue Couch, springe ich bei ihm auf den Schoß.
Um dies zu vermeiden, ist es ganz wichtig, daß alle Familienmitglieder an einem Strang ziehen und die gleichen Erziehungsregeln befolgen.

Nur wenn alle Familienmitglieder konsequent die gleiche Linie verfolgen wie „am Tisch gibt es nichts für den Hund“, bleibt der Burgfrieden gewahrt.

Hunde mit Trennungsangst folgen ihrem Besitzer überallhin, sogar unter die Dusche.

Er läuft mir hinterher wie ein Hund

Es ist manchmal ganz angenehm, wenn ein Hund an unserem Rockzipfel hängt. Vor allem im Freien, wo andere Hundebesitzer sich abmühen müssen, um ihren Vierbeiner wieder zurückzurufen. Doch für den Hund ist eine zu enge Bindung nicht gut, sie gründet sich auf der Angst, alleine zu bleiben. Diese Hunde wollen keine Sekunde von ihrem Menschen getrennt sein und verfolgen ihn buchstäblich wie ein Schatten, sogar bis auf die Toilette.
Doch spätestens dann, wenn Sie z.B. durch Wechsel des Arbeitsplatzes, durch einen Umzug, durch das Ausziehen der Kinder oder bei einem Krankenhausaufenthalt den Hund eben nicht mehr „immer mitnehmen“ können, ist für den Hund die Katastrophe da. Er kann, plötzlich alleingelassen, Panikattacken erleiden, bei denen er nicht selten auch die Wohnung in ein Schlachtfeld verwandelt.

Um dieser Trennungsangst, so heißt dieses Verhaltensproblem, vorzubeugen, muß man mit dem Welpen von klein auf das Alleinesein üben: Erst geht man aus dem Zimmer und kommt sofort wieder, dann steigert man die Zeit und bleibt allmählich Minuten, später Viertelstunden weg.
In den ersten Wochen kann man einen Welpen durchaus mit einem Kleinkind vergleichen, das man nicht unbeaufsichtigt lassen sollte. Bisher war er 24 Stunden am Tag mit Mutter und Geschwistern zusammen, jetzt soll er plötzlich in einer neuen Umgebung alleine bleiben: Das geht nicht. Da viele Hundehalter berufstätig sind, sollten sie für den Welpen nach einem Tagessitter suchen. Der sollte mit dem Kleinen alle paar Stunden Gassi gehen, erstens, da Welpen noch nicht so lange sauber bleiben können – sie lernen die Stubenreinheit gerade erst, und zweitens, damit der Kleine viele Eindrücke von seinem neuen Lebensraum gewinnen kann (siehe Kapitel Der Welpe). Der Hundesitter sollte den Welpen im Auge behalten, damit dieser sich weder verletzt noch die Einrichtung beschädigt, wenn er seine neue Umgebung erforscht, und er sollte für den Welpen als Spiel- und Schmusepartner Zeit haben, denn Welpen brauchen möglichst viel Kontakt.
Bei einem erwachsenen Hund, der bereits die Grundkommandos kennt, können Sie das Alleinebleiben auch anders trainieren: Schicken Sie den Hund auf seinen Platz und gehen Sie kurz in ein anderes Zimmer, anfangs bei geöffneter Tür, später können Sie die Tür auch schließen. Steigern Sie die Zeit, die der Hund am Platz bleiben soll, nur ganz langsam. Ein Kauspielzeug oder ein Büffelhautknochen erleichtern dem Hund die Wartezeit.
Wer voll berufstätig ist und seinen Hund nicht mit in die Arbeit nehmen kann, sollte sich nach einem Tagesplatz umsehen. Hunde sind Rudeltiere, sie brauchen den sozialen Kontakt. Auch wenn die meisten erwachsenen Hunde klaglos einige Stunden alleine bleiben, sollte dies nicht die Regel sein.

Hunde, insbesondere Welpen müssen erst lernen, kurze Zeit alleine zuhause zu bleiben. Es ist normal, daß ein Welpe die ersten Monate nicht länger alleine bleiben kann. Suchen Sie einen Dogsitter, wenn Sie berufstätig sind.

Ein Baby kommt ...

Wenn Sie bereits einen Hund haben, sollten Sie sich bewußt machen: Für Hunde ist es nicht automatisch klar, daß ein Baby ein kleiner Mensch ist. Ein Baby riecht völlig anders, es geht nicht, sondern liegt und es spricht nicht, sondern gibt fröhliche, oft aber auch weinerliche Töne von sich. Die meisten Hunde tolerieren dies relativ problemlos, doch eben nicht alle. Besonders dann, wenn die Rangordnung zwischen Mensch und Hund nicht klar ist, kann die Ankunft des neuen Familienmitglieds zu Problemen führen. Hunde müssen daher grundsätzlich lernen: Das Baby ist tabu.
Das geht jedoch nicht von selbst: Im Wolfsrudel hält das Muttertier die anderen Wölfe erst einmal auf Distanz und regelt später, inwieweit die anderen Rudelmitglieder Kontakt zu den jungen Wölfen aufnehmen dürfen.

Dieses Verhalten können Sie nachahmen: Der Hund darf sich dem Baby nicht von sich aus nähern, sondern Sie rufen den Hund zu sich und dem Baby, wenn Sie es für richtig halten.
Wenn der Hund von sich aus versucht, zum Baby zu gehen, schicken Sie ihn auf seinen Platz. Denken Sie daran, bei einigen Hunden ruft vor allem ein schreiendes Baby die Assoziation „Beute" hervor. Einige Jagdhundrassen, ganz besonders Bauhunde, wie der Dachshund oder Terrierrassen, sind gezüchtet, auf quäkende Geräusche mit Angriff zu reagieren. Es kann also ein Warnsignal sein, wenn der Hund das Baby keinen Moment aus den Augen läßt! Holen Sie sich Rat bei einem Verhaltenstherapeuten und trennen Sie inzwischen Hund und Baby konsequent.
Als Mensch neigt man dazu, dieses Verhalten, das Baby mit Argusaugen zu bewachen, auf Eifersucht zurückzuführen. Doch dieses typisch menschliche Gefühl haben Hunde gerade nicht. Sie wollen nämlich keine Gleichberechtigung, sondern eine Behandlung, die ihrem Rang entspricht. Einfaches Beispiel, bringt ein Gast nur einem Kind eine Schokolade mit, dann ist das andere Kind neidisch. Bringt ein Gast hingegen nur einem von zwei Hunden einen Kauknochen mit, ist das völlig in Ordnung, solange er das Mitbringsel dem ranghöheren Tier gibt. Wir sollten uns also vor Vermenschlichung hüten, wenn wir ernsten Problemen vorbeugen wollen.

Bereiten Sie den Hund rechtzeitig vor

Damit die Ankunft des Babys zuhause harmonisch verläuft, muß der Hund darauf vorbereitet werden. Überlegen Sie genau, ob der Hund jetzt etwas darf, was Sie nicht mehr dulden möchten, wenn das Baby da ist, zum Beispiel vehemente Knurrspiele oder auf der Couch bzw. im Bett schlafen. Dann sollten Sie ihm jetzt schon die neuen Spielregeln beibringen und darauf achten, daß Sie diese auch konsequent umsetzen. Dann wird der Hund diese Neuerungen später nicht mit dem Baby in Verbindung bringen.
Lesen Sie auch das Kapitel Rangordnung unter diesem Gesichtspunkt genau durch. Signalisieren Sie Ihrem Hund klar, daß er in der Rangordnung ganz unten kommt. Gibt es Situationen, in denen Ihr Hund schwierig ist, wie z. B. Pfotenabtrocknen, bürsten, Futterschüssel wegnehmen, sollten Sie sich Rat holen, **bevor** das Baby da ist.
Das Kinderzimmer ist schon tabu, bevor das Baby auf die Welt kommt. Ist das Kleine dann zuhause, schenkt man dem Hund in Gegenwart des Babys besonders viel Aufmerksamkeit. So verknüpft der Hund das Baby mit den angenehmen Dingen des Lebens wie Spielen, Füttern und Gassigehen. Dennoch sollte man das Baby nie alleine mit dem Hund lassen.

Hunde erkennen Babys nicht unbedingt als kleine Menschen. Man sollte dem Hund in Gegenwart des Babys besonders viel Aufmerksamkeit schenken und die beiden nie zusammen alleine lassen.

Jedes Kind durchläuft das „Tierquäl-Alter“ ...

Kinder behandeln den Hund im alltäglichen Umgang wie ein anderes Kind. Das bedeutet, sie reden, schmusen und umarmen ihn, aber sie schimpfen ihn auch, stupsen oder zwicken ihn. Der Hund gerät dadurch in eine mißliche Lage, denn wenn er hundegemäß reagiert – z.B. durch Knurren –, bekommt er Ärger mit den ranghöheren Eltern.

Nicht selten gehen Eltern davon aus, daß Kinder die „Narrenfreiheit“ der Welpen im Rudel genießen, das stimmt jedoch nicht: Kinder haben keinen automatischen Welpenschutz. Außerdem werden Welpen und Junghunde durchaus mit Knurren und Schnappen von den anderen Rudelmitgliedern in ihre Schranken verwiesen.

Wegen dieser Fehleinschätzung, „Kindern tut ein Hund nichts“, kann es zu sehr gefährlichen Situationen kommen. Gerade größere Kinder wissen durchaus, daß sie den Hund gepiesakt haben, geben dies den Eltern gegenüber aber ungern zu: Folglich zieht der Hund immer den Kürzeren, denn er kann nicht reden und sich nicht rechtfertigen. Wird er für sein Verhalten, z.B. knurren, bestraft, kann dies dazu führen, daß dieses Drohsignal künftig unterbleibt und der Hund eines Tages „plötzlich“ zuschnappt.

Der Junge hält sich mit beiden Händen am Rückenfell fest – ohne böse Absicht, aber für manchen Hund doch unangenehm.
Foto: H. Jung

Besonders Kinder im Alter von 2 bis 7 Jahren haben ein ausgesprochen egozentrisches Weltbild und können sich gar nicht bzw. nur schlecht in andere Lebewesen, seien es Menschen oder der Hund, hineinversetzen. Daher raten Experten dazu, erst dann einen Hund anzuschaffen, wenn das jüngste Kind 7 Jahre alt ist. Oft ist der Hund aber schon vor den Kindern da, dann sollte man folgendes beachten:
Kindern unter 7 Jahren fehlt noch die Erfahrung, Ursache und Wirkung zu verstehen. Deshalb müssen Kinder bis ca. 7 Jahren immer beaufsichtigt werden, wenn sie mit dem Hund „spielen“, was durchaus tierquälerische Aktionen beinhalten kann.

Für Krabbelkinder kann das z.B. heißen, daß sie den Hund an den Lefzen, den Ohren oder der Rute ziehen oder versuchen, mit dem Finger in die Hun-

Kleinkinder behandeln Hunde nicht selten wie Plüschtiere: sehr roh.

deaugen zu bohren. Sie unterscheiden nicht wirklich zwischen Steifftier und Lebewesen. Auch „liebevolle" Umarmungen fallen daher oft recht grob aus. Das Kind ist deshalb nicht böse, es muß die Welt in diesem Alter auf seine Weise erforschen.
Natürlich wird man versuchen, schon dem Kleinkind zu erklären, daß es dem Hund weh tut, wenn man ihn z.B. in die Ohren zwickt. Doch selbst, wenn man dies das Kind am eigenen Leib erfahren läßt, ist dieser Effekt meist nur von sehr kurzer Dauer. Wenige Sekunden später läuft es los, um das nächste „Experiment am lebenden Tier" zu starten. Gerade weil ein Kleinkind unverständig ist, würde man es weder mit brennenden Kerzen, noch mit offen herumliegenden scharfen Messern alleine lassen, also auch nicht mit dem Hund.

Denn wenn der Hund sich gegen das Kleinkind wehren würde, dann am ehesten in dem Augenblick, wenn kein ranghöherer Mensch in der Nähe ist, also dann, wenn wir schnell zur Tür oder zum Telefon gehen.

Erst ab ca. 11 Jahren können Kinder logisch-kausale Schlüsse ziehen und damit auch erste Verantwortung für ein Tier übernehmen.

Möchten Sie, daß Ihre Kinder mit einem Hund aufwachsen, raten Experten zum Warten. Und zwar solange, bis das jüngste Kind 7 Jahre alt ist.

So vermeiden Sie Probleme

Zum Schutz der Kinder ist es wichtig, daß die Erwachsenen dem Hund von Anfang an signalisieren, daß er in der Familienrangordnung den niedrigsten Platz hat (siehe Kapitel Rangordnung). Denn Babys und Kleinkinder können keine hohe Rangposition demonstrieren, daher müssen die Eltern dafür sorgen. Eine einfache Geste ist es, vor dem Hund durch die Tür zu gehen. Beginnen Sie bereits mit dem Kinderwagen: Der Hund macht „Sitz" oder „Platz" und Sie schieben den Kinderwagen in den Hausflur, erst dann rufen Sie den Hund zu sich. Wenn Sie dies vom ersten Tag an konsequent üben, am besten sogar schon vor der Geburt des Babys, hat der Hund diese Lektion schnell gelernt und wird von selber warten.

Oft klappt das Miteinander zwischen Hund und Kind erstaunlich problemlos, aber eben nicht immer.

Hund und Kind sollte man möglichst immer im Augenwinkel behalten. Foto H. Jung

Nehmen Sie jeden Hinweis auf Probleme ernst, z.B. jedes Knurren in Gegenwart des Kindes, und versuchen Sie herauszufinden, worin die Ursache liegt. Ist die Situation für Sie unverständlich oder können Sie das Problem nicht vermeiden, sollten Sie sich unbedingt fachkundigen Rat holen. Es gibt Hunde, die sich für das Zusammenleben mit Kindern einfach nicht eignen, auch dies sollten Sie möglichst schnell erkennen.
Häufig geht es um für den Hund sehr Wichtiges, die sogenannten Ressourcen, wie Futter, Spielzeug oder den Liegeplatz. Krabbelkinder, die alles in dem Mund stecken, kommen den Ressourcen häufig zu nahe. Daher sollten Sie Hundespielzeug und Futternapf nach Gebrauch wegräumen und dem Hund einen kindersicheren Rückzugsort ermöglichen. Dafür eignet sich zum Beispiel eine Transportbox für die Reise oder ein Trenngitter, das dem Kleinkind den Zugang zu einem Raum bzw. dem Flur verwehrt.
Um unnötige Konflikte zu vermeiden, sollte man den Kindern von klein auf beibringen:
- Daß man den Hund beim Fressen nicht stören darf.
- Daß man einen schlafenden Hund in Ruhe lassen muß.
- Daß man in nicht ärgern darf (siehe unten).

Kinder unter 7 Jahren sind vom Verstand her noch nicht immer in der Lage, rücksichtsvoll mit einem Tier umzugehen. Sie neigen dazu, Hunde zu drangsalieren und zu ärgern. Daher sollte man sich bei Kindern unter 7 Jahren gut überlegen, ob man sie mit einem Hund schon alleine lassen kann.

Wenn Hunde und Kinder spielen

Wenn Sie Ihrem Hund im Spiel klare Grenzen setzen, wird er diese Grenzen auch den Kindern gegenüber eher akzeptieren. Dennoch, Kinder spielen anders, wilder, sie rennen und schreien mehr als Erwachsene.
Kleinkinder kann man im Grunde nicht mit dem Hund alleine lassen. Natürlich gibt es extrem gutmütige, kindererfahrene Hunde, aber auch diese können einmal anders reagieren, zum Beispiel wenn sie Schmerzen haben.

Kindern, die schon sicher auf den Beinen sind, sollte man möglichst früh beibringen, wann sie das Spiel mit dem Hund beenden sollten und wie das geht. Dies sollte man regelmäßig üben, damit es dem Kind „in Fleisch und Blut übergeht“, so daß es auch im Schreck, z. B. wenn es hinfällt, automatisch richtig reagiert. Das ist umso wichtiger, weil es sich fast nicht vermeiden läßt, daß das Kind zwischenzeitlich mit dem Hund alleine ist: Ein Augenblick kann genügen, z.B. wenn man die Türe aufmacht oder etwas aus der Küche holt. Außerdem haben Kinder, die mit einem Hund aufwachsen, oft zu wenig Respekt vor fremden Hunden. Doch gerade im Umgang mit fremden Hunden ist richtiges und vorsichtiges Verhalten wichtig.

Spielregeln für Kind mit Hund

Probieren Sie mit Ihren Kindern und deren Spielgefährten die folgenden Situationen hin und wieder als „Trockenübung“, denn für Kinder ist es erst einmal nicht klar, was z.B. Ruhigstehenbleiben meint: Das Kind erstarrt schlagartig zur Salzsäule. Das ist eine gute Grundübung, um unerwünschte Verhaltensweisen des Hundes abzublocken.
Auch das „Auah“-Rufen muß geübt werden, damit es nicht zu fröhlich wirkt und den Hund zu noch wilderem Spiel animiert.
Den Hundepart kann anfangs ein Plüschtier oder eines der Kinder übernehmen. Später kann man den Hund miteinbeziehen oder mit den Kindern eine gut geführte Welpenspielstunde besuchen (siehe Kapitel Hundeschule). Hier sind Kinder – nach Voranmeldung – ausdrücklich erwünscht. Die Eltern haften für ihre Kinder.
Um zu vermeiden, **daß der Hund am Kind hochspringt:** Das Kind soll sich um 180° wegdrehen und ruhig stehen bleiben.
Wenn der Hund spielerisch nach der Kleidung oder den Händen des Kindes schnappt: Das Kind soll „Au“ rufen, sich wegdrehen und ruhig stehen bleiben.
Wenn ein Rennspiel zu wild wird: Das Kind soll ruhig stehen bleiben.
Wenn ein Kind hinfällt: Das Kind soll ruhig liegen bleiben, das Gesicht zum Boden, und mit den Händen den Hals umfassen. So vermeidet man auch spielerische Verletzungen an den besonders empfindlichen Körperteilen wie Hals und Gesicht, z.B. wenn der Hund das liegende Kind mit der Pfote anstupst. In der Wohnung kann das Kind dann nach einem Erwachsenen rufen. Im Freien sollte es warten, bis es dem Hund zu langweilig wird und er weggeht.
Vorsicht beim Füttern: Kinder werfen einem Hund das Futter gerne zu, stellen sich aber oft noch

Kinder sollen lernen, Hunde mit der flachen Hand zu füttern. *Foto H. Jung*

ungeschickt an und zögern lange. Damit provozieren sie leicht, daß ein gieriger Hund nach der Hand schnappt. Deshalb sollten Kinder das Futter nur auf der flachen, offenen Hand anbieten – wie bei Pferden auch. Dann kann der Hund es vorsichtig nehmen. Fällt Futter auf den Boden, darf man es nicht aufheben: Der Hund ist schneller und könnte dann aus Versehen in die Hand des Kindes schnappen.
Wenn der Hund knurrt: Bringen Sie Ihrem Kind bei, daß es die Warnsignale des Hundes ernst nimmt. Knurrt der Hund, sollte das Kind mit dem Spiel sofort aufhören und weggehen.

Ganz wichtig ist es, daß Kinder erzählen, was sie mit dem Hund erleben. Nur dann können Eltern rechtzeitig einschreiten, sollte es Probleme geben. Ermuntern Sie daher Ihre Kinder, regelmäßig zu erzählen!

Daß Hund und Kinder manchmal etwas wild spielen, ist normal. Um Erschrecken oder Verletzungen zu vermeiden, müssen Kinder lernen, wie sie das Spiel mit dem Hund jederzeit beenden können.

Ein zweiter Hund kommt in die Familie

Es kann besonders schön sein, zwei Hunde zu haben, es kann aber auch zum ernsthaften Problem werden. Man sollte sich also gut überlegen, ob man sich einen zweiten Hund anschafft. Denn zwei Hunde sind bereits ein kleines Rudel, das seinen eigenen Gesetzen folgt. Es gibt nun die Rangordnung zwischen den Hunden und die Rangordnung zwischen dem Menschen und jedem einzelnen Hund. Das kann durchaus kompliziert – im Einzelfall auch gefährlich – werden, vor allem dann, wenn der Mensch nicht ganz klar die Rangposition 1 behauptet. Rund 85 % aller Hundehalter sind sich nicht bewußt, daß sie eine Rangordnung mit ihrem Hund haben. Wer sich also für einen Zweithund entscheidet, sollte sich fachkundigen Rat holen und nochmals das Kapitel Rangordnung lesen.

Hunde einer Familie müssen die Rangordnung klären. Foto: H. Jung

Sollte sich zwischen den beiden Hunden ein deutlicher Rangunterschied entwickeln, ist die Situation meist klar. Besteht jedoch zwischen den Hunden nur ein geringer Rangunterschied, kann es zu Streitigkeiten um Ressourcen kommen, wie Futter, Spielzeug, Liegeplätze oder Streicheleinheiten.

Dieser Hund verteidigt die Quietscherdbeere, den Futternapf hingegen dürfte ein anderer Hund problemlos leeren. Foto: H. Jung

Um den Burgfrieden zu wahren, müssen wir Menschen den etwas ranghöheren Hund deutlich bevorzugen und den rangniedrigeren Hund links liegen lassen: Ihn nicht in Gegenwart des anderen Hundes streicheln, nicht mit ihm spielen. Das fällt den meisten Menschen sehr schwer, zumal wir gelernt haben, dem Schwächeren (Menschen) zu helfen.

Ganz besonders schwierig ist die Situation, wenn der neue Hund dem altgeliebten wortwörtlich den Rang abläuft. Halten wir uns aber nicht an diese Hunde-Rangordnung, kann es zu Beißereien zwischen den Hunden kommen.

Zwischen den Hunden eines Haushaltes gibt es mehr oder weniger deutlich eine Rangordnung. Als Mensch muß man diese respektieren, sonst kann man ernsthafte Auseinandersetzungen zwischen den Hunden provozieren.

Zweit- und Mehrhundehaltung ist die häufigste Ursache für Verletzungen des Menschen durch freilaufende Hunde:
Wenn Sie einen Zweithund in die Familie holen, denken Sie auch daran: Bei Spaziergängen bilden zwei Hunde schon ein kleines Rudel. Es kann also sein, daß der bisher folgsame Einzelhund in der Meute nicht mehr so gut hört. Man muß dann mit beiden Hunden konsequent üben, um sie sowohl einzeln als auch gemeinsam unter Kontrolle zu haben (siehe Kapitel Öffentlichkeit). Eventuell läßt man die Hunde am Anfang nur abwechselnd von der Leine.

Wenn nicht beide Hunde sehr gut folgen, sollte man sie sicherheitshalber nur abwechselnd von der Leine lassen. Foto: H. Jung

Hund und Briefträger

Hier handelt es sich um ein ganz typisches Beispiel der unterschiedlichen Perspektive. Der Mensch denkt, der Briefträger kommt, wirft die Post ein und geht wieder. Für den Hund sieht das so aus, jeden Morgen erscheint dieser Eindringling, er muß jedes Mal bellen und am Zaun hochspringen, damit dieser Mensch wieder verschwindet. Bis jetzt klappt das ganz gut, der Eindringling hat sich noch nie weiter als bis zum Zaun getraut.

Als Hundebesitzer sollte man am besten dafür sorgen, daß der Briefträger unbehelligt die Post einwerfen kann. Zum Beispiel behält man den Hund in dieser Zeit im Haus. Wer einen kooperativen Briefträger hat, kann auch ein Sich-allmählich-an-den-Briefträger-gewöhnen-Programm starten, das kostet jedoch Zeit, Geduld und vor allem Konsequenz.

Wie das Training im einzelnen auszusehen hat, hängt vom jeweiligen Hund ab. Ein allgemein gültiges Programm gibt es nicht! Ein eher ängstlicher bzw. zurückhaltender Hund sollte lernen, daß der Briefträger ein netter, ungefährlicher Zeitgenosse ist: Der Briefträger wird sich also klein machen, z.B. in die Hocke gehen, und den Hund allmählich zu sich locken. Eventuell belohnt er ihn mit Futter. Bis das klappt, kann es viele Übungstage dauern.

Ein Hund, der Menschen prinzipiell stürmisch begrüßt, oder einer, der Herr und Garten bewacht, muß hingegen schrittweise lernen, in Gegenwart des Briefträgers ruhig zu sitzen oder zu liegen.

Einige Briefträger haben von sich aus Futter dabei, das funktioniert nicht immer gut: Nicht alle Hunde, z.B. wenn sie eigentlich Angst haben oder das Territorium verteidigen, lassen sich durch Leckerlis besänftigen. Umgekehrt werden gefräßige Hunde dadurch regelrecht zum Fan gelber Posträder. Wenn sie beim Gassigehen einen nichtsahnenden Briefträger sehen, hetzen sie ihm nach und springen eventuell sogar an ihm hoch, um sich ihr Leckerli zu holen.

Wenn Ihr Hund den Briefträger nicht mag, sollten Sie ihn vormittags im Haus lassen. Denn ein Gewöhnungs-Training kostet relativ viel Zeit, die der Postbote nicht immer hat.

Hund und Besuch

Der Besuch unterscheidet sich vom Briefträger in zwei wesentlichen Punkten, er kommt nicht täglich, dafür kommt er wirklich in die Wohnung, läßt sich also nicht so einfach vertreiben. Zum Beispiel sehr ängstliche Hunde können dann durchaus unangenehm und sogar gefährlich werden. Knurrt der eigene Hund Besucher an oder versucht sie zu stellen, sollte man unbedingt fachkundigen Rat einholen. Dieser Hund ist kein „guter Wächter“, sondern eine Bedrohung. Nicht der Hund, sondern Sie als Rudelführer entscheiden, wer Ihre Wohnung betreten darf und wer nicht. Und Sie entscheiden auch, wie der Gast empfangen wird, ob Sie – nicht der Hund – Ihre Wohnung verteidigen oder ob Sie den Gast freundlich hereinbitten.

Doch auch das Gegenextrem, Hunde die Gäste mit Bellen und Hochspringen aufs herzlichste begrüßen, sind nicht jedermanns Sache. Hier kann Ihnen eine gute Hundeschule helfen, damit der Hund so gut gehorchen lernt, daß er selbst dann noch „Sitz“ oder „Platz“ kann (siehe Kapitel Lernen), wenn es an der Tür klingelt.

Sie als Rudelführer entscheiden allein, wie ein Besucher empfangen wird. Wenn ein Hund knurrend auf Gäste reagiert, sollten Sie fachkundige Hilfe suchen.

Bellende Hunde belästigen die Nachbarschaft

Bellende Hunde beißen nicht?

Bellen ist nicht gleich Bellen. Ein Hund, der im Spiel den Menschen anbellt, wird nicht beißen. Er kann jedoch nach dem Spielzeug – Ball, Stöckchen, Spielkordel – schnappen, wenn er nicht gut erzogen ist. Und das kann durchaus weh tun, ist in der Regel jedoch nicht wirklich gefährlich.
Warnt ein Hund hingegen den Menschen mit Knurren und Bellen, kann er sehr wohl beißen, wenn der Mensch auf seine Warnung nicht angemessen reagiert: Der Hund kann sich dann in die Enge getrieben oder provoziert fühlen und kann vom Bellen und Knurren zum Beißen übergehen.

Bellen kann eine Warnung sein. Erkennt der Mensch dies nicht, wird er unter Umständen gebissen.

Bellen dient auch der friedlichen Kommunikation und einige Rassen, zum Beispiel die Bauhunde, wurden sogar als regelrechte Kläffer gezüchtet: Denn nur der Hund, der ausdauernd und laut bellt, hat eine Chance, von seinem Besitzer im Bau geortet und ausgegraben zu werden.
Nachbarn können ein Dauerbellen jedoch als sehr störend empfinden. Man sollte darauf unbedingt Rücksicht nehmen. Daher sollte man die ersten Bellversuche des halbwüchsigen Hundes nicht begeistert loben, sondern – ganz im Gegenteil – völlig ignorieren.
Haben Sie dies versäumt und hat der Hund gelernt zu bellen, sollten Sie wenigstens versuchen, das Bellen Ihres Hundes auf ein Mindestmaß zu reduzieren, das geht wirklich. Denken Sie an das Kapitel Lernen und die ungewollte Belohnung mit Aufmerksamkeit. Jedes „Pfui, jetzt sei doch still" kann eine Belohnung sein und damit die Bestärkung, weiterzubellen. Wenn der Hund sich also durch Ihr „Pfui" nicht einschüchtern läßt und nicht postwendend und dauerhaft verstummt, ist es besser, anders vorzugehen. Versuchen Sie, die Nerven zu behalten und den Hund, wenn er bellt, zu ignorieren. Am besten gehen Sie in ein anderes Zimmer. Ob dies wirkt, merken Sie erst nach einigen Tagen. Unter Umständen bellt der Hund am Anfang sogar noch mehr, schließlich hat er gelernt: Wenn er lange genug bellt, reagiert sein Besitzer schon noch. Übrigens, kein Hund kann gleichzeitig bellen und fres-

sen, versuchen Sie es also mit besonders feinen Leckerlis, die jedoch etwas Verzehrszeit in Anspruch nehmen sollten wie z.B. Schweineohren. – Allerdings muß der Hund die eßbare Ablenkung erhalten, bevor er anfängt zu bellen. Sonst könnte er auch die Leckerlis als Belohnung fürs Bellen mißverstehen.
In hartnäckigen Fällen sollten Sie sich bei einem Verhaltenstherapeuten Hilfe holen.

Bellfreudige Hunde können gerade in einem Mietshaus zur Last für die Nachbarn werden. Man sollte daher möglichst den Anfängen wehren und mit einem Anti-bell-Programm beginnen.

Hund und Hundebesuche

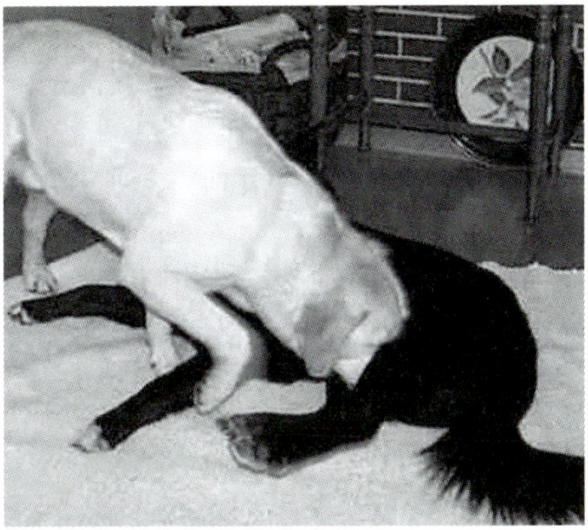

Der Besuch wird mit der Nase ganz genau kontrolliert. Foto: H. Jung

Ein Wolf käme nie auf die Idee, ein anderes Rudel zu besuchen. Die Situation, Hund besucht anderen Hund, ist daher aus Sicht der Vierbeiner nicht immer leicht zu lösen. Am einfachsten geht es mit Hunden, die sich von klein auf, zum Beispiel von der Welpenspielstunde her, kennen. Die Rangordnung zwischen ihnen ist klar, so wissen beide Seiten, wie sie sich zu benehmen haben. Ein Garant für ein friedliches Kaffeekränzchen ist selbst das nicht. Denn das Treffen findet eben nicht an neutralem Ort statt, sondern im Territorium des einen Hundes. Handelt es sich um zwei Rüden, kann es durchaus Spannungen geben, da unkastrierte Rüden generell mehr zu Raufereien neigen. Zwar tragen Rüden ihre Auseinandersetzungen erfahrungsgemäß häufig im Freien aus, während Hündinnen eher zu Heimkämpfen neigen, aber das heißt nicht, daß sich nicht Rüden auch in der Wohnung in die Wolle bekommen können – und Hündinnen im Freien. Auch „Pärchen“ und kastrierte Hunde können sich in die Wolle bekommen, wenn es um Ressourcen geht.
Noch schwieriger wird es mit einem unbekannten Hund. Wenn ein fremder Hund zu Besuch kommen will, sollte das erste Zusammentreffen auf neutralem Terrain stattfinden. Haben sich der fremde und eigene Hund etwas kennengelernt, kann man gemeinsam ins Haus und in die Wohnung gehen. Achten Sie darauf, daß zuerst alle Menschen das Haus betreten, dann dürfen die Hunde auf Zuruf nachkommen. So betonen Sie noch einmal unmißverständlich, daß Sie das Rudel anführen und daß Sie bestimmen, wer eintreten darf und wer nicht. Läßt man die Hunde dann in geziemendem Abstand „Platz“ machen, herrscht Ruhe. Vorausgesetzt, beide Hunde haben das Kommando „Platz“ verläßlich gelernt.

Aus Hundesicht ist der Besuch eines anderen Rudels eine höchst unnatürliche Angelegenheit und birgt daher durchaus das Risiko einer Rauferei. Daher sollte man dies von klein auf üben. Der erste Kontakt mit einem fremden Hund sollte immer auf neutralem Terrain stattfinden.

Jetzt bekommt jeder einen Knochen ...

Es ist nur allzu verständlich, daß man als Gastgeber auch die Vierbeiner bewirten möchte, außerdem sind sie z.B. mit einem Kauknochen über längere Zeit beschäftigt und geben Ruhe. Das geht oft nicht gut: Hunde sind keine Kinder, unter denen man die Gummibärchen möglichst gerecht teilt.
Zum einen verteidigen viele Hunde zuhause bestimmte Ressourcen (Futter, Spielzeug, Liegeplatz u.a.) gegenüber dem Gasthund, selbst dann, wenn sie diesen gut kennen und draußen im Park in bestem Einvernehmen mit ihm spielen.
Dabei kann es schon genügen, daß der Kuchen auf den Tisch gestellt wird, um den eigenen Hund zum Knurren zu veranlassen. Besonders dann, wenn der Hund regelmäßig oder auch nur hin und wieder etwas vom Tisch erhält. Außerdem gibt es in der Regel Hierarchie-Unterschiede zwischen Hunden, und das bedeutet Ärger. Der ranghöhere Hund bekommt zuerst, eventuell sogar alleine etwas, erst dann dürfte der rangniedrigere Benjamin zum Zug kommen. Man sollte daher lieber auf die Knochen-Jause verzichten und dem vierbeinigen Besuch den Kauknochen für Zuhause mitgeben.

Wenn ein Hund zu Besuch kommt, sollte man Spielzeug und Futternapf wegräumen sowie den Hunden keine Leckereien geben, so vermeidet man Ärger.

Damit der Mensch sich notfalls am Geländer anhalten kann, geht der Hund – in diesem Fall – innen. *Foto: Jung*

Die Jagd im Treppenhaus

Im Treppenhaus sollte man seinen Hund grundsätzlich an der Leine führen. Denken Sie daran, daß Kleinkinder, gebrechliche Menschen, jemand, der Angst vor Hunden hat, oder ein anderer Hund ebenfalls im Treppenhaus sein könnten. Außerdem könnte die Haustür offen stehen, so daß der vorauseilende Hund unbeaufsichtigt auf die Straße laufen könnte. Ist ein Treppenhaus sehr eng, kann man dem Hund beibringen, daß er an jedem Treppenabsatz sitzen bleiben muß und erst auf Handzeichen dem Besitzer folgen darf.

Zudem ist es besonders bei schlechtem Wetter eine Frage der Höflichkeit, den Hund erst abzufrottieren, bevor man mit ihm in den vierten Stock steigt.

Wohnt noch ein Hund im Haus, sollte man im Freien abklären, ob die beiden Hunde friedlich miteinander auskommen können. Besonders Rüden finden einen Mitbewohner nicht immer lustig. Dann sollte man das Problem mit den Nachbarn in aller Ruhe besprechen und nach einer Lösung suchen, zum Beispiel kurz anrufen, bevor man am Revier des anderen vorbeigeht.

Im Treppenhaus sollte der Hund möglichst angeleint gehen, um niemanden zu erschrecken oder zu gefährden.

Öffentlichkeit: Der Hund in der Öffentlichkeit

Dorothea Döring-Schätzl

Einleitung

Stellen Sie sich ein gemütliches Picknick in herrlicher Landschaft vor. Plötzlich kommt ein fremder Hund, frißt die Wurstbrote und setzt seinen Haufen direkt neben dem Picknickkorb ab. Eine schöne Bescherung!? Hunde können durchaus Ärger erregen und andere belästigen.

Als rücksichtsvoller Hundehalter entfernt man die Hinterlassenschaften seines Vierbeiners.

Ob sich Ihre Umwelt über Ihren Hund und über Sie als Halterin oder Halter ärgert, oder ob Sie mit Ihrem Vierbeiner in der Öffentlichkeit gerne gesehen sind, liegt in Ihrer Hand. Höflichkeit und Rücksichtnahme sollten daher generell das Verhalten von Hundehaltern in der Öffentlichkeit bestimmen.

Bitte berücksichtigen Sie, daß viele Menschen Angst vor Hunden haben. Auch ohne daß Ihr Hund aggressiv ist, kann er andere Menschen ängstigen, belästigen oder sogar gefährden, wenn Sie nicht aufpassen. Halten Sie Ihren Hund daher unter Kontrolle, damit er nicht vor Fahrräder rennt, Jogger zu Fall bringt, Passanten anspringt oder Kinder erschreckt. Ein Hund, der gut gehorcht, in Ihrer Nähe bleibt und andere weder belästigt noch gefährdet, macht keinen Ärger. Das Entfernen des Hundekotes gehört selbstverständlich ebenso zu einem rücksichtsvollen und umsichtigen Verhalten gegenüber seiner Umwelt. So leisten Sie einen wichtigen Beitrag für eine hundefreundlichere Gesellschaft.

Gesetze

Als Hundehalter sind Sie verpflichtet, dafür zu sorgen, daß Ihr Hund keinen Schaden anrichtet (Halterhaftpflicht). Ihr Hund darf also nicht die Kleidung von Passanten beschmutzten, andere Tiere hetzen oder verletzen oder unkontrolliert auf die Straße laufen und einen Unfall provozieren. Der Halter oder die betreuende Person haftet im Schadensfall, was sehr teuer werden kann (siehe Kapitel Recht).

In der Straßenverkehrsordnung steht, daß Tiere, die den Verkehr gefährden könnten, davon ferngehalten werden müssen. Das heißt für Sie, daß Sie dafür sorgen müssen, daß Ihr Hund nicht auf die Straße laufen kann. Auch ein wohlerzogener Hund kann ausnahmsweise einmal unberechenbar reagieren. Daher sollten Sie Ihren Hund im Straßenverkehr immer an der Leine führen! In manchen Ortssatzungen ist sogar festgelegt, wo Hunde angeleint werden müssen. Bitte fragen Sie bei Ihrer Gemeinde nach, welche Bestimmungen für Ihren Wohnort gelten.

Halterverantwortung und Kontrolle

Das oberste Gebot lautet: Sie müssen Ihren Hund in der Öffentlichkeit IMMER unter Kontrolle haben. Was heißt das?
Wenn Ihr Hund ganz sicher gehorcht, können Sie ihn durch Rückruf und „bei Fuß" in einer Problemsituation in Ihrer Nähe halten. Klappt der Gehorsam nicht zuverlässig, müssen Sie ihn an die Leine nehmen. Im Straßenverkehr und in unübersichtlichen Situationen gehört der Hund generell an die Leine.

Höflichkeit und Rücksichtnahme sollten das Verhalten des Hundehalters in der Öffentlichkeit bestimmen.
Es liegt in Ihrer Verantwortung, daß Ihr Hund keinen Schaden anrichtet und niemanden belästigt. Daher müssen Sie Ihren Hund draußen immer unter Kontrolle haben.

Um Probleme zu vermeiden, sollten Sie wissen, in welchen Situationen Hunde generell leicht außer Kontrolle geraten können.

Jagdverhalten

Auch wenn Ihnen Ihr Hund ganz friedlich und „zivilisiert" erscheint, darf man ihn nicht unterschätzen: In Ihrem Hund steckt nämlich noch das Erbe des Wolfes! Denken Sie daran, daß zum Lebensunterhalt des Wolfes das Jagen und Töten von Beutetieren gehört. Auch bei Ihrem Hund ist dieser Beutetrieb immer noch (mehr oder weniger stark) vorhanden.
Es gibt vielfältige Situationen, in denen das Jagdverhalten des Hundes ausgelöst werden kann. So kann ein Wildtier oder ein Haustier als Beute angesehen werden. Aber auch rennende Kinder, Radfahrer, Jogger, sogar Autos können den Jagdinstinkt wecken. Manch ein Hund verfolgt diese vermeintlichen „Beutetiere", um sie zu packen, und kann sie dabei schwer verletzen oder beim Rennen über befahrene Straßen Verkehrsunfälle verursachen.

Verhindern Sie, daß Ihr Hund Wild hetzt!
Foto: D. Döring-Schätzl

Wildtiere

Egal, ob es sich um Vögel (Krähen, Tauben, Enten usw.), Kaninchen, Rehe, Igel oder Mäuse handelt: Sie müssen verhindern, daß Ihr Hund ein anderes Tier hetzt, verletzt oder gar tötet. Auch wenn Ihr Hund kein erfolgreicher Jäger ist, sondern Wildtiere „nur" aufscheucht und ihnen hinterherläuft, ohne die Chance, sie zu erwischen, ist dies ein „Hetzen", das verboten ist und das für die Opfer schlimme Folgen haben kann. Abgesehen von der Angst, die ein verfolgtes Tier empfindet, verbraucht es bei der Flucht viele Kräfte, die es z.B. im Winter bei schlechter Ernährung kaum wieder aufholen kann. Bedenken Sie auch, daß dies Verhalten des Hundes noch viel weitreichendere Folgen haben kann. Wenn der Hund im blinden Jagdeifer auf eine befahrene Straße läuft, kann das Menschenleben kosten!
Ihr Hund muß beim Spaziergang im Park, auf dem Feld oder im Wald bei Ihnen in der Nähe und immer unter Kontrolle sein. Wenn Sie dies beherzigen, handeln Sie nicht nur rücksichtsvoll gegenüber den gefährdeten Tieren, sondern schützen auch Ihren Hund. Denn ein wildernder Hund darf vom Jäger erschossen werden (siehe Kapitel Recht). Wenn Sie wissen, daß Ihr Vierbeiner seine gute Erziehung vergißt und nicht mehr auf Ihren Rückruf reagiert, sobald er eine Beute wittert, dann nehmen Sie ihn in Gegenden, in denen Wild vorkommt, lieber an die (lange) Leine.

Verhindern Sie, daß Ihr Hund Wild beunruhigt, hetzt oder jagt. Halten Sie Ihren Hund im Wald, Park oder auf dem Feld unter Kontrolle. Wenn Ihr Hund zum Hetzen oder Wildern neigt, führen Sie ihn an der (langen) Leine, wenn Sie nicht sicher sind, ob Wild in der Nähe ist.

Haustiere

Auch Haustiere können den Jagdtrieb wecken. Besonders häufig werden Katzen von Hunden gehetzt. Zu den möglichen „Opfern" des Beuteverhaltens zählen aber auch Hühner und anderes Hausgeflügel, Schafe, Schweine und sogar so große Tiere wie Kuh oder Pferd. Wenn Sie einen Spaziergang durch ein Dorf machen, an Viehweiden vorbeikommen oder einem Reiter begegnen, sollten Sie daher auf der Hut sein und Ihren Hund in der Nähe behalten.

Verhindern Sie, daß Ihr Hund andere Tiere beunruhigt, hetzt oder gar verletzt. Seien Sie auf der Hut, wenn Katzen, Hühner, Kühe oder Pferde in der Nähe sind, und behalten Sie Ihren Hund dicht bei sich, am besten an der Leine.

Menschen in Bewegung

Hunde jagen ebenso wie Wölfe hauptsächlich fliehendes Wild. Bewegte Menschen oder Objekte werden von vielen Hunden als fliehende Beutetiere mißverstanden und daher gejagt. So kann es sein, daß Jogger, Radfahrer,

Skateboard-Fahrer, Rollerblade-Fahrer, sogar Autos, Motorräder oder Straßenbahnen, aber auch rennende und spielende Kinder Jagdverhalten bei Ihrem Hund auslösen können – mit fatalen Folgen! Es kann beispielsweise zu schweren Bißverletzungen kommen. Wenn durch Ihren Hund ein Radfahrer stürzt oder ein Autounfall provoziert wird, kann dies Menschenleben kosten. Seien Sie daher vorsichtig und umsichtig, wenn Sie sich mit Ihrem Hund in der Öffentlichkeit bewegen. Nehmen Sie Ihren Hund im Straßenverkehr an die Leine. Rufen Sie ihn und halten Sie ihn in Ihrer Nähe, wenn Ihnen Radfahrer, Jogger, Kinder usw. begegnen.
Manch ein Hund kann es übrigens auch als Angriff mißverstehen, wenn man auf ihn zu rennt (oder joggt) und könnte deshalb aggressiv reagieren.

Wenn man als Jogger von einem Hund verfolgt oder angebellt wird, sollte man am besten stehen bleiben oder langsam weiter gehen.

Wenn ein Jogger oder Radfahrer kommt, nehmen Sie Ihren Hund besser bei Fuß oder an die Leine. Foto: D. Döring-Schätzl

Vorsicht bei bewegten Menschen oder Objekten (Jogger, Radfahrer, spielende Kinder, Autos usw.). Rufen Sie Ihren Hund und halten Sie ihn in Ihrer Nähe. Nehmen Sie ihn am besten zur Sicherheit an die Leine!

Gefahren durch Unachtsamkeit

Sporttreibende Mitmenschen sind nicht nur durch jagende Hunde gefährdet. Auch ein friedlicher Hund ohne Jagdambitionen kann Jogger zum Stolpern und Radfahrer zu Fall bringen, wenn er ihnen in die Quere kommt.

So ist es richtig: Der Hund ist unter Kontrolle. Foto: D. Döring-Schätzl

Die Leine wird leicht zum Fallstrick, wenn man nicht aufpaßt. Foto: D. Döring-Schätzl

Mit einem interessanten Geruch in der Nase läuft manch ein Hund kreuz und quer über den Weg, ohne auf entgegenkommenden „Verkehr" zu achten. Sogar das Führen an der Leine gibt hier keine Sicherheit, wenn der Hundehalter mit seinen Gedanken nicht bei der Sache ist, sondern beim Spaziergang träumt oder in ein interessantes Gespräch vertieft ist. So kann auch ein Zwergdackel folgenschwere Unfälle verursachen, wenn sich seine Flexileine quer über den Weg spannt und so Menschen stolpern läßt und zu Fall bringt. Seien Sie bitte deshalb beim Spaziergang aufmerksam und behalten Sie Ihren Vierbeiner und Ihre Umgebung im Auge. Achten Sie darauf, daß Ihr Hund nicht versehentlich vor Passanten läuft. Falls Sie ihn an einer längeren Leine führen, sorgen Sie dafür, daß diese nicht zum Fallstrick wird.

Ihr Hund kann auch gefährliche Unfälle verursachen, wenn er plötzlich vor Radfahrer oder Jogger läuft oder sich seine Leine quer über den Weg spannt.

Auch ein gehorsamer Hund könnte in dieser Situation auf die Straße laufen. Foto: D. Döring-Schätzl

Der Hund im Straßenverkehr

Gesetzt den Fall, Ihr Hund ist vorbildlich erzogen und absolut gehorsam. Würden Sie Ihre Hand dafür ins Feuer legen, daß er trotzdem nicht ausnahmsweise einmal auf die Straße läuft? Auch wenn Ihr Hund zuverlässig am Bordstein „Sitz" macht und auf Sie wartet, sollten Sie sich nicht 100-prozentig darauf verlassen. Ein Tier ist ein Lebewesen und reagiert nicht immer so, wie Sie es erwarten würden. Wenn Ihr Rüde auf der anderen Straßenseite eine läufige Hündin bemerkt (oder auch nur deren Geruch in die Nase bekommt) oder eine Katze sieht, gibt es für ihn womöglich kein Halten – dann kann man von Glück sagen, wenn Sie ihn angeleint und daher unter Kontrolle haben.

Die Motivation eines Hundes zum Sozialkontakt, insbesondere aus sexuellem Interesse, aber auch zur Beutejagd ist groß. Ein Artgenosse, eine läufige Hündin oder ein Beutetier auf der anderen Straßenseite können die Ursache dafür sein, warum ein Hund über eine Hauptverkehrsstraße läuft, wobei er nicht nur selbst verletzt wird, sondern auch einen Massenunfall provozieren kann, womöglich mit Todesfolge.
Führen Sie Ihren Hund im Straßenverkehr daher unbedingt sicherheitshalber an der Leine. Achten Sie außerdem darauf, daß die Leine nicht so lang ist, daß Ihr Vierbeiner trotzdem noch auf den Radweg oder auf die Fahrbahn laufen kann (Vorsicht mit Flexileinen).

Führen Sie Ihren Hund im Straßenverkehr immer an der Leine. Auch auf ein gehorsames Tier ist kein 100-prozentiger Verlaß. Tiere können immer einmal unvorhersehbar reagieren.

Begegnung mit „außergewöhnlichen Menschen“

So unterschiedlich können Menschen aussehen.

Hoffentlich hat Ihr Hund in seinem Leben bereits viele verschiedene Menschen und Umweltsituationen kennengelernt. Dies ist besonders in der Sozialisierungsphase wichtig (siehe Kapitel Der Welpe). Trotzdem kann es passieren, daß Ihr Vierbeiner bei einer außergewöhnlichen Erscheinung unsicher und sogar aggressiv reagieren kann. Alle Personen mit ungewohntem Aussehen oder auffallenden Bewegungen oder Geräuschen können das Mißtrauen Ihres Hundes erregen, so z.B. Personen in Motorradmontur, Faschingsverkleidung, mit auffälligen Hüten oder Eskimokapuze, Menschen im Rollstuhl oder mit Krückstock, Wanderer mit Rucksack, geistig behinderte Menschen, Kinder mit Luftballons, Betrunkene usw. Seien Sie daher in solchen Fällen darauf gefaßt, daß Ihr Hund unvorhergesehen reagieren könnte. Damit niemand erschreckt oder gar verletzt wird, sollten Sie dafür sorgen, daß Ihr Hund in Ihrer Nähe bleibt, gegebenenfalls an der Leine läuft.

Manche Hunde erschrecken sich vor Menschen mit ungewöhnlichem Aussehen oder auffallenden Bewegungen und reagieren dann mit Bellen, Knurren, Schnappen oder Flucht. Nehmen Sie Ihren Hund vorsichtshalber in Ihre Nähe und an die Leine.

Hunde und Kinder

Es gibt viele Beispiele dafür, daß Kinder und Hunde die besten Freunde sein können. Leider gibt es aber auch Fälle von schrecklichen Verletzungen bei Kindern, die von Hunden verursacht wurden. Warum birgt die Kombination Kind-Hund so viele Gefahren? Dies liegt zum einen daran, daß sowohl (kleinere) Kinder als auch Hunde ihr Verhalten nicht bewußt steuern und kontrollieren können und in ihren Reaktionen unberechenbar sind. Zum anderen sprechen Kinder und Hunde eine unterschiedliche Sprache und können sich gegenseitig nicht richtig einschätzen. Viele Kinder zeigen einem Hund ihre Zuneigung, indem sie laut rufend zu ihm rennen und ihn drücken und umarmen wollen. Viele Hunde sehen in diesem Verhalten einen Angriff und wehren sich mit ihren Mitteln, wozu auch der Einsatz der Zähne gehört. Daher ist es so gefährlich, wenn Hunde und Kinder alleine, ohne Aufsicht eines Erwachsenen, miteinander Kontakt aufnehmen (siehe Kapitel Familie).

Ihr Hund könnte das Kleinkind belästigen oder gefährden. Halten Sie ihn daher in der Nähe. *Foto: D. Döring-Schätzl*

Gehen Sie deshalb lieber auf Nummer Sicher, wenn Ihnen und Ihrem Hund Kinder begegnen. Lassen Sie Ihren Hund nie mit Kindern alleine. Wenn fremde Kinder Ihren Hund streicheln möchten und Sie wissen, daß er es toleriert, ist es am besten, wenn Sie dabei stehen und den Hund am Halsband festhalten. Kommen Ihnen beim Spaziergang Kinder entgegen, im Kinderwagen, zu Fuß, auf dem Dreirad oder Roller usw., rufen Sie Ihren Hund bitte rechtzeitig zu sich und nehmen ihn gegebenenfalls an die Leine. Wenn Sie an Kindergärten, Spielplätzen oder Schulen vorbeigehen, sollten Sie Ihren Hund ebenfalls vorsorglich in Ihrer Nähe halten, am besten an der Leine führen, auch wenn Sie davon überzeugt sind, daß er nichts tun würde.

Besondere Vorsicht ist geboten, wenn sich Hunde und Kinder begegnen. Nehmen Sie Ihren Hund in der Nähe von Kindergärten, Schulen und Spielplätzen an die Leine. Wenn Sie Kindern begegnen, egal ob im Kinderwagen, Buggy, auf dem Dreirad oder zu Fuß, müssen Sie Ihren Hund in Ihrer Nähe halten. Am besten nehmen Sie ihn auch hier an die Leine.

Territoriales Verhalten

Sie sitzen im Cafe, Ihr Hund liegt brav unter dem Tisch. Der Kellner kommt zu Ihnen, um die Bestellung aufzunehmen. Bleibt Ihr Hund ruhig liegen? Viele Hunde können in dieser Situation aggressiv reagieren, bellen, knurren oder sogar schnappen. Ähnliches kann Ihnen im Biergarten passieren oder auch auf der Liegewiese. Wenn Sie es sich auf Ihrer Decke gerade bequem gemacht haben und entspannen wollen, kann es sein, daß Ihr Hund plötzlich aufspringt und bellt, wenn sich jemand der Decke nähert. Dieses Verhalten kann man als territorial bezeichnen. Ihr Hund meint, daß er den Platz (sei es der Tisch im Cafe oder die Decke auf der Liegewiese) gegen Eindringlinge verteidigen müsse.
Viele Hunde zeigen dieses aggressive Verhalten auch zu Hause, in Wohnung, Haus, Garten und der näheren Umgebung, also wirklich im „eigenen Territorium“. Manch ein Hund einer Etagenwohnung zählt das gesamte Mietshaus einschließlich Hofplatz zu seinem Revier. Andere Mieter oder deren Besucher werden dort als Eindringlinge angesehen und eventuell bedroht oder sogar angegriffen. Das Verhalten von Hunden ist somit deutlich ortsabhängig.
Berücksichtigen Sie also, daß ein Hund an Orten, die er als sein „Territorium“ ansieht, aggressiv reagieren könnte. Halten Sie ihn daher bitte in folgenden Situationen am besten an der Leine, damit Sie ihn rechtzeitig zurückhalten können: In der Nähe Ihrer Wohnung, im Treppenhaus, im Hofraum, in der Nähe Ihres Hauses, in Lokalen, auf Liegewiesen usw. Wenn Sie im Biergarten, Restaurant oder beim Picknick auf der Wiese sitzen, verlangen Sie am besten von Ihrem Hund, daß er sich hinlegt und vor allem auch liegen bleibt, wenn sich jemand Fremdes nähert.
Manche Hunde zeigen dieses aggressive Verhalten übrigens auch, wenn sie im Auto sitzen und sich jemand Fremdes nähert, oder wenn sie meinen, auf dem Campingplatz das Zelt oder den Wohnwagen verteidigen zu müssen.
Was ist zu tun, wenn Ihr Hund knurrt, aggressiv bellt oder sogar Passanten anfallen will? Sie dürfen ihn dann weder beruhigen noch bestrafen, sondern müssen ihn wortlos wegziehen und mit ihm ganz viel üben, am besten unter Anleitung eines Spezialisten. Lesen Sie dazu bitte das Kapitel Richtig reagieren.

Ein aggressiver Hund kommt nicht gut an.

An allen Orten, die Ihr Hund als sein Territorium ansieht, sollten Sie auf Nummer Sicher gehen. Es könnte nämlich sein, daß er bei einem vermeintlichen „Eindringling“ aggressiv reagiert. Führen Sie Ihren Hund daher in der Nähe Ihrer Wohnung (auf den Fluren, im Treppenhaus, im Hof, auf der Straße vor dem Haus usw.) an der Leine. Typische Problemsituationen können auch im Cafe, Biergarten, auf der Liegewiese oder auf dem Campingplatz entstehen. Lassen Sie Ihren Hund hier lieber an der Leine.

Lassen Sie Ihren Hund nur vor dem Laden allein, wenn Sie ihn im Auge haben.
Foto: Jung

Der angebundene Hund

„Hunde müssen draußen bleiben“ steht an vielen Einkaufsläden. Wenn Sie Ihren Hund vor einem Geschäft anbinden und dort alleine lassen, sollten Sie wissen, welche möglichen Gefahrensituationen entstehen können. Manche Hunde reagieren bereits aggressiv, wenn Passanten an ihnen vorbei gehen. Dies kann besonders problematisch sein, wenn ein Hund direkt am Eingang eines Supermarkts angebunden ist. Ist Ihr Hund ein Kinderfreund? Ansonsten kann er sich leicht von einer Schar Schulkinder, die vorbeiläuft, bedroht fühlen und aggressiv reagieren. Viele Kinder gehen auf unbekannte Hunde zu, um sie zu streicheln oder zu umarmen. Der arme, einsame Hund vor dem Supermarkt wird bedauert und getröstet. Viele Hunde fühlen sich dabei jedoch beengt oder bedroht und reagieren entsprechend mit Bellen, Knurren oder Schnappen. Das kann schlimme Folgen für die Kinder haben. Weder den Hund noch die Kinder trifft eine Schuld. Sie als Halter haben jedoch die Aufsichtspflicht und müssen dafür sorgen, daß Ihr Hund keinen Schaden anrichten kann. Ein Biß ist ein Schaden, der sich nie wieder gut machen läßt!

Beachten Sie bitte, daß auch ein freundlicher Hund andere Menschen erschrecken, belästigen oder sogar gefährden kann, indem er an ihnen hochspringt.

Am besten ist es, wenn Sie Ihren Hund gar nicht alleine vor einem Geschäft lassen. Zumindest sollten Sie ihn immer im Auge haben, wenn Sie im Laden sind, damit Sie rasch nach draußen können, wenn es ein Problem geben könnte. Einen Hund, der auf Passanten aggressiv reagieren könnte, darf man selbstverständlich nie alleine draußen lassen.

Ein Hund, der alleine vor einem Geschäft warten muß, kann gefährlich reagieren, wenn jemand vorbeigeht oder wenn sich z.B. Kinder nähern, um ihn zu streicheln.

Verlockendes Essen

Picknick im Grünen, Grillen im Freien, Imbiß auf der Wiese oder Eisessen auf der Parkbank – welcher Hund würde da nicht gerne mitmachen?
Essende Menschen sind eine große Verlockung für die meisten Hunde, die dann leicht zu einer Belästigung werden können. Plötzlich hören sie nicht mehr auf den Ruf ihrer Besitzer, sondern laufen zum Picknickkorb oder bedrängen das Kleinkind mit der Eistüte. Bedenken Sie, daß sich viele Mitmenschen durch dieses Verhalten bedroht fühlen. Halten Sie daher Ihren Hund in Ihrer Nähe, wenn Sie Menschen mit Eßwaren begegnen.

Ihr Hund wird leicht zur Belästigung anderer, wenn Eßbares mit im Spiel ist.

Picknickdüfte locken auch Ihren Hund herbei, zum Leidwesen Ihrer Mitmenschen. Halten Sie daher Ihren Hund in Ihrer Nähe, wenn Sie Menschen mit Eßwaren begegnen.

„Benimmregeln“ in der Öffentlichkeit

Es gibt viele Menschen, die nicht Ihre Begeisterung über Hunde teilen, sondern Angst vor den Vierbeinern haben oder sie einfach nur unangenehm finden. Auch wenn Sie diese Einstellung nicht gutheißen, so müssen Sie sie doch respektieren und entsprechend handeln.
Wenn Ihr Hund andere Menschen aus reiner Freude anspringt, kann dies für die Betroffenen unangenehm sein. Der gute Mantel wird dreckig, nicht jeder läßt sich gerne das Ge-

Egal, wer Ihnen begegnet, aus Rücksicht sollten Sie Ihren Hund immer zu sich nehmen.
Foto: D. Döring-Schätzl

sicht von einem Hund ablecken, und außerdem besteht die Gefahr, daß eine zierliche Person vom Hund versehentlich umgeworfen oder zumindest sehr erschreckt wird. Aber auch ein wohlerzogener Hund kann Passanten ängstigen, z.B. wenn er zufällig nah an ihnen vorbeiläuft. Es ist eine Frage der Rücksichtnahme, grundsätzlich den Hund zu sich zu rufen und in der Nähe zu halten, wenn man einer anderen Person begegnet. So haben Sie jede Situation unter Kontrolle, vermeiden Gefahren und Belästigungen.

Es ist ein Gebot der Rücksichtnahme, daß Sie Ihren Hund heranrufen und in Ihrer Nähe halten, wenn Sie anderen Menschen begegnen, denn viele Mitmenschen haben Angst vor Hunden oder fühlen sich leicht durch sie belästigt.

Nehmen Sie Ihren kleinen Hund nicht immer hoch, sonst hält er sich für den „Größten“!

Begegnung mit anderen Hunden

Wie Sie sich verhalten sollen, wenn Ihr Hund Artgenossen begegnet, läßt sich schlecht verallgemeinern. Hunde mit normalem Sozialverhalten kommen in der Regel bestens miteinander aus. Imponieren und Kräftemessen ist dabei ganz normal, und auch eine Auseinandersetzung mit viel Getöse und Hundegeschrei ist noch lange kein Grund zur Sorge. Am besten halten Sie sich ebenso wie die Halter des anderen Hundes aus den Rangeleien heraus (siehe Kapitel Konfliktsituationen).

Wenn Ihr Hund zur Unverträglichkeit mit Artgenossen neigt, vielleicht sogar bereits einen anderen Hund verletzt hat, dürfen Sie ihn selbstverständlich nicht raufen lassen. Hier gilt die Grundregel, vorausschauend zu handeln und es gar nicht erst zu einer Auseinandersetzung kommen zu lassen. In den Kapiteln Konfliktsituationen und Richtig reagieren lesen Sie, wie man sich am besten verhält.

Für unverträgliche Hunde ist ein Verhaltenstraining sehr empfehlenswert. Nehmen Sie dazu die professionelle Hilfe eines Spezialisten in Anspruch (siehe Ansprechpartner im Anhang). Aus dem täglichen Spaziergang soll nämlich kein täglicher Schrecken für Sie und Ihre Umgebung werden.

Auch wenn Sie einen Hund einer kleinen Rasse besitzen, ist dieser ein vollwertiger Hund. Er braucht genauso die Möglichkeit, ohne Leine mit Artgenossen Kontakt aufzunehmen, wie andere Hunde auch. Seien Sie daher nicht überängstlich. Nehmen Sie Ihren kleinen Hund nicht ständig auf den

Arm, wenn Ihnen ein anderer Hund begegnet. Der Kleine lernt bzw. übt sonst nicht das richtige Sozialverhalten und könnte denken, er sei großen Hunden immer überlegen.

Andere Hunde an der Leine

Ihnen kommt im Park jemand mit einem Hund an der Leine entgegen. Ihr Hund läuft frei. Was sollten Sie tun?
Prinzipiell ist zu beachten, daß es besser ist, wenn Hunde nicht mit, sondern ohne Leine zueinander Kontakt aufnehmen können. So besteht für beide Tiere die Möglichkeit, sich gegebenenfalls auszuweichen und sich zu unterwerfen. An der Leine verhalten sich viele Hunde aggressiver als sonst, da sie sich mit ihrem Besitzer am anderen Leinenende doppelt so stark fühlen.

Wenn Sie einem anderen angeleinten Hund begegnen, können Sie nicht wissen, ob es sich vielleicht um ein unverträgliches, läufiges oder sogar krankes Tier handelt.
Daher sollten Sie Ihren Hund vorsichtshalber rechtzeitig zu sich rufen und ihn nur nach Absprache mit dem anderen Besitzer zu dessen Hund gehen lassen.

Wenn Sie einen angeleinten Hund sehen, sollten Sie Ihren Hund in Ihrer Nähe halten und am besten ebenfalls anleinen.

Spaziergang mit zwei oder mehreren Hunden

Wer weiß, warum der andere Hund an der Leine ist? Daher sollten Sie den eigenen Hund nicht hinlaufen lassen. Foto: D. Döring-Schätzl

Ein Spaziergang erfordert bereits bei einem einzelnen Hund viel Aufmerksamkeit und Rücksichtnahme. Sehr viel schwieriger ist es jedoch, im Freien zwei oder mehr Hunde im Griff zu haben. Will man zwei Hunde gleichzeitig von der Leine lassen, ist deren guter Gehorsam die wichtigste Voraussetzung. Denn Sie haben bei zwei Hunden keine so guten Möglichkeiten, auf den einzelnen Hund einzuwirken. Beschäftigen Sie sich mit dem einen (Heranrufen, „Sitz“ machen oder „Fuß“ gehen lassen), ist der andere nicht unter Kontrolle. Nicht selten kommt es leider vor, daß eigentlich recht gehorsame Hunde zu zweit gar nicht mehr gut hören. Die Hunde können sich zusammen sehr selbständig verhalten, weil sie sich nicht an Ihnen, sondern aneinander orientieren. Miteinander befreundete Hunde (z.B. zwei Hunde eines Haushaltes) gehen dann womög-

lich gemeinsam auf Hetzjagd eines Kaninchens oder greifen einen fremden einzelnen Hund an, der ihnen begegnet. Denn zusammen fühlen sich befreundete Hunde häufig stärker als allein und verhalten sich eventuell aggressiver, als Sie es von ihnen erwarten würden.
Damit Sie zwei Hunde draußen unter Kontrolle haben, müssen Sie mit jedem einzeln intensives Gehorsamstraining machen. Dabei soll der jeweils andere z.B. an der Leine darauf warten, bis er an der Reihe ist. Lassen Sie beide Hunde nur miteinander frei laufen, wenn Sie sicher sind, daß nichts passiert. Nehmen Sie abwechselnd mal den einen, mal den anderen an die Leine. Erlauben Sie nur dem gerade frei laufenden der beiden, mit fremden Hunden Kontakt aufzunehmen.

Es ist schwierig, alleine mit zwei Hunde spazieren zu gehen und sie ohne Leine laufen zu lassen. Lassen Sie die beiden nur gleichzeitig von der Leine, wenn Sie ganz sicher sind, daß sie niemanden gefährden und alle beide sicher auf Ihren Rückruf gehorchen.

Überblick: Wie verhalte ich mich in verschiedenen Situationen?

A. Wohin darf ich meinen Hund gar nicht mitnehmen?

- auf Kinderspielplätze, in Kindergärten, in Schulen
- auf Sportplätze
- bei Gedränge in einer Menschenmenge (z.B. bei einer Kundgebung oder Demonstration)

Beachten Sie bitte: Kinderspielplätze und Sportplätze sind für Hunde generell tabu, auch wenn sich darauf gerade keine Kinder bzw. Sporttreibenden aufhalten!

B. Wann muß mein Hund in meiner Nähe sein?

- immer, wenn mir andere Menschen begegnen
- insbesondere, wenn mir Jogger, Radfahrer, Rollerblader etc. begegnen
- insbesondere, wenn mir Kinder begegnen
- wenn ich an essenden Menschen, z.B. auf einer Liegewiese, vorbeikomme
- wenn ich auf andere Tiere treffe (Haus- und Wildtiere, z.B. Pferde, Katzen, Kaninchen, Vögel usw.)
- wenn ich einen anderen Hund an der Leine treffe

C. Wann muß ich meinen Hund an der Leine führen?

- wenn der Hund in den oben genannten Situationen nicht sicher gehorcht
- in Treppenhäusern, Fluren, in der Nähe meines Wohnhauses und meiner Wohnung

- im Straßenverkehr, auf dem Bürgersteig und neben Radwegen
- in der Fußgängerzone
- in der Nähe von Kindergärten, Spielplätzen und Schulen
- in Menschenansammlungen
- in öffentlichen Verkehrsmitteln und auf Bahnsteigen
- in wildreicher Gegend (Wald, Feld, Park), wenn mein Hund gerne Tiere jagt

Vorsicht bei Flexileinen! Wenn Sie unachtsam sind, kann es zu gefährlichen „Verwicklungen“ kommen. Ihr Hund könnte trotz Leine auf die Straße laufen, Radfahrer gefährden oder anders außer Kontrolle geraten.

Hunde dürfen nicht auf Spielplätze mitgenommen werden und sollten in der Nähe von Schulen oder Kindergärten an der Leine geführt werden. *Foto: D. Döring-Schätzl*

Ihr Hund darf auf keinen Kinderspielplatz und Sportplatz. Er sollte auch nicht in Kindergärten oder Schulen und zu dichten Menschenansammlungen wie Kundgebungen oder Demonstrationen mitgenommen werden.

Körpersprache: Mimik und Körpersprache

Hildegard Jung

Die Kunst, im Gesicht zu lesen

Wölfe sprechen mit dem ganzen Körper, die Stimme spielt in der Kommunikation nur eine sehr kleine Rolle. Mit Augen, Ohren, Stirn und Lefzen können sie allein 60 verschiedene Gesichter ziehen und so ganz differenziert ihre Stimmungen ausdrücken. Der Haushund kann sich nicht mehr so fein ausdrücken, so zeigt der Deutsche Schäferhund noch 14 verschiedene Gesichtsausdrücke, Rassen mit Schlappohren (z.B. Dackel, Basset), mit angezüchteten Gesichtsfalten (z.B. Bordeaux Dogge, Mastiff, Shar Pei), schwarze (z.B. Riesenschnauzer) oder im Gesicht sehr stark behaarte Hunde (z.B. Bobtail, Bearded Collie) bzw. sehr kurznasige Hunde (z.B. Boxer, Mops, Pekinese) können nur noch wenige Stimmungen mit ihrem Gesicht ausdrücken. Das ist für Menschen wie Hunde gleichermaßen schwierig, man weiß einfach nicht genau, woran man ist.

„Wie sollen wir uns eigentlich noch verstehen?"

Wölfe können mit 60 verschiedenen Gesichtern genau ihre momentane Stimmung ausdrücken. Der Haushund vermag das nur noch in geringerem Umfang. Am besten vermögen dies noch Hunde im Wolfstyp wie Husky (43 Gesichter) oder Schäferhund (14 Gesichter). Boxer, Bobtail und Rottweiler tun sich schwerer zu zeigen, wie es ihnen zumute ist.

Dieser Hund döst vor sich hin. Fotos: H. Jung

Plötzlich weckte ein Geruch sein Interesse.

Dieser Hund knurrt selbstbewußt (offensives Drohen).
Dies ist daran zu erkennen:

- Die Ohren sind nach vorne gestellt.
- Die Maulwinkel sind rund und kurz.
- Nasenrücken- und Stirnhaut sind gerunzelt.
- Die Zähne sind gebleckt.
- Der Hund schaut seinem Gegner in die Augen.

Dieser Hund zeigt ein ängstliches Gesicht. Dies ist daran zu erkennen:

- Die Ohren sind nach hinten gelegt.
- Die Maulwinkel sind lang nach hinten gezogen.
- Die Nasenrücken- und Stirnhaut ist glatt.
- Der Hund vermeidet den Blickkontakt.
- Der Kopf wird gesenkt.

Dieser Hund knurrt ängstlich. Dies ist daran zu erkennen:

- Die Ohren sind nach hinten gezogen.
- Die Maulwinkel sind lang und spitz.
- Die Nasenrücken- und Stirnhaut ist gerunzelt.
- Die Zähne sind gebleckt.

Mit dem Körper sprechen

Menschen können teilweise intuitiv erkennen, was eine Körperhaltung des Hundes ausdrückt, manchmal ist es aber sehr schwer zu beurteilen, was in einem Hund vor sich geht. Daher muß man als Hundebesitzer die wichtigsten Vokabeln erst lernen. Nur so kann man unter Umständen folgenschwere Mißverständnisse vermeiden.
Als Faustregel gilt: Ein selbstbewußter Hund macht sich groß, Ohren, Lefzen und Rute sind nach vorne bzw. oben gerichtet. Ein Hund, der sich in eher mißlicher Lage befindet, macht sich klein, seine Ohren sind angelegt, die Lefzen nach hinten gezogen, die Rute verschwindet zwischen den Beinen.

Dieser Hund ist entspannt und aufmerksam.

Dieser Hund imponiert:

- Seine Beine sind gestreckt.
- Sein Nackenfell ist gesträubt.
- Er „bäumt“ den Kopf auf.
- Die Ohren sind nach vorn gerichtet.
- Die Rute ist nach oben gestreckt. Er macht sich groß.

Dieser Hund droht selbstbewußt (offensives Drohen):

- Seine Beine sind gestreckt.
- Sein Nackenfell ist gesträubt.
- Die Ohren sind nach vorn gerichtet.
- Die Rute ist nach oben gestreckt. Er macht sich groß und zeigt Drohmimik.

Dieser Hund hat Angst:

- Seine Beine sind eingeknickt.
- Er zieht den Kopf ein.
- Die Ohren sind nach hinten gelegt.
- Die Rute ist eingekniffen.

Er macht sich klein und zeigt Angstmimik.

Dieser Hund droht ängstlich:

- Das Fell ist gesträubt.
- Seine Beine sind eingeknickt.
- Die Ohren sind nach hinten gelegt.
- Die Rute wird niedrig gehalten.

Er macht sich recht klein.

Diese Hunde spielen:

- Sie zeigen eine ganz entspannte Körperhaltung.
- Sie reißen das Maul auf, ohne zu drohen.
- Sie rollen mit den Augen (Weißes sichtbar).
- Sie schleudern mit dem Kopf.
- Sie zeigen häufiges Wechseln der Rollen (mal ist der eine unten, mal der andere, mal beide).

Dieser Hund fordert zum Spiel auf:

- Er zeigt die Vorderkörpertiefstellung.
- Er rollt mit den Augen.
- Er macht Schlenkerbewegungen.
- Er hüpft herum.
- Er wedelt.

Weitere Kennzeichen der Spielaufforderung und des Spiels:
- Mit der Pfote Anstupsen zur Spielaufforderung.
- Bellen zur Spielaufforderung.
- Verfolgung und verfolgt werden wechseln sich ab.
- Spielerischer Angriff bei entspannter und freundlicher Körpersprache (angelegte Ohren, niedrig getragene Rute).

Die Abbildungen zeigen in Mimik und Körperhaltung einen völlig entspannten Hund (links) sowie zwei spielende Hunde (rechts). *Fotos: H. Jung*

Die Körpersprache des Hundes ist für uns Menschen augenfälliger als die Mimik. Da wir nicht alle Körperhaltungen richtig interpretieren können, müssen wir die Bedeutung – wie Vokabeln einer Fremdsprache – lernen.

Erstes Mißverständnis: Schau mir in die Augen

Unter Menschen gilt es als ausgesprochen unhöflich, demonstrativ den Kopf wegzudrehen und wegzusehen, wenn ein anderer Mensch einen anspricht oder zu Besuch kommt. Es ist Zeichen von Interesse und Aufrichtigkeit, sich in die Augen zu sehen. Nicht so bei Hunden. Der direkte Blick in die Augen eines Hundes, also regelrechtes Fixieren, bedeutet, komm, laß uns messen, wer der Stärkere ist. Ich beabsichtige, dich einzuschüchtern und vielleicht sogar anzugreifen. Grund genug, den Blickkontakt als Hund tunlichst zu meiden. Als Mensch sollte man diese Hundekonvention kennen und sich sowohl beim eigenen Hund, falls es Probleme gibt, als auch bei fremden daran halten, sonst könnte sich das Gegenüber provoziert fühlen und zum Angriff übergehen.

Besonders schwer fällt uns das, wenn wir vor einem Hund Angst oder zumindest großen Respekt empfinden. Wir haben das dringende Bedürfnis, ihn zu fixieren, was im schlimmsten Fall zu einer sich selbst erfüllenden Prophezeihung werden könnte, das heißt, daß der Hund wirklich angreift. Daher sollte man sich unbedingt angewöhnen, Hunde nur aus dem Augenwinkel zu beobachten.

Im Gegensatz zum Fixieren ist der Blickkontakt mit dem eigenen Hund sehr wichtig, er erleichtert nicht nur die augenblickliche Verständigung, er festigt auch die Bindung. Er kann den Hund einerseits moralisch unterstützen, andererseits kann man – als Ranghöherer – durch Blickkontakt den Hund auch dominieren und so den eigenen Anweisungen den nötigen Nachdruck verleihen.

Einem fremden Hund sollte man nicht direkt in die Augen sehen. Hunde empfinden direkten Blickkontakt oft als Bedrohung und als Aufforderung zur tätlichen Auseinandersetzung. Beobachten Sie fremde Vierbeiner daher erst nur aus dem Augenwinkel.

Zweites Mißverständnis: Schwanzwedeln ist Ausdruck reiner Freude

Das kann sein, muß aber nicht. Wenn man genau hinsieht, erkennt man, daß Hunde verschiedene Möglichkeiten haben, mit dem Schwanz „zu wedeln". Neben dem typischen Wedeln, das Hunde beispielsweise zur Begrüßung eines Familienmitgliedes zeigen, gibt es das Imponierbewegen, die Rute ist dabei senkrecht gen Himmel gerichtet, die Bewegungen sind eher langsam. Schwanzbewegungen können Signal für sehr unterschiedliche Stimmungen des Hundes sein. Deshalb müssen wir Menschen lernen, genau hinzusehen. Grundsätzlich deuten Bewegungen auf einen emotionalen Konflikt hin – der Hund ist hin- und hergerissen. Welpen wedeln zum ersten Mal mit etwa 30 Lebenstagen beim Säugen an der mütterlichen Zitze, einerseits ist Trinken angenehm, andererseits kommen sich die Wurfgeschwister dabei zu nahe, was eher ängstlich stimmt.

Bewegt ein drohender Hund seine Rute, mischt sich in die Aggression auch das Gefühl der Angst. Begrüßen sich Rudelmitglieder, teilen sich Freude und Anspannung im Schwanzwedeln mit.

Schwanzbewegungen können daher in fast allen Stimmungen gezeigt werden, beispielsweise freudig, ängstlich oder ärgerlich. Der Hund benimmt sich in einem Stimmungskonflikt ganz so, als müsse er sich Luft verschaffen. Erst die weiteren Körpersignale geben darüber Auskunft, in welcher Stimmung der Hund sich wirklich befindet.

Auslöser für den emotionalen Konflikt kann fast alles sein: Sei es, daß der Hund sich über die Rückkunft seiner Familie freut, oder im Gegenteil, daß er z.B. bei der Arbeit eine Aufgabe zeigen soll, die ihn überfordert, oder daß die Gegenwart einer Schulklasse ihm Angst macht. Fühlt sich der Hund in einer Situation nicht wohl, sollte man ihn eher in Ruhe lassen, als ihn mit Zärtlichkeiten zu überschütten. Als verständnisvoller Hundeführer versucht man, die Stress-Situation für den Hund möglichst rasch zu beenden.

Kommt der Hund regelmäßig in diese Stress-Situation, sollte man diese mit ihm allmählich üben, eventuell mit Hilfe eines Verhaltenstherapeuten.

Nicht jede Schwanzbewegung ist Ausdruck von Freude. Man muß also den ganzen Hund ansehen, um seine Stimmung richtig zu beurteilen.

Der helle Hund hat sich passiv unterworfen
Foto: H. Jung

Drittes Mißverständnis: Liegt der Hund am Rücken, will er am Bauch gekrault werden

Tagtäglich können wir diese Szene beobachten: Es begegnen sich zwei Hunde im Park. Der eine legt sich auf den Boden und sieht demonstrativ zur Seite. Der zweite nähert sich in gemessenem Tempo und beschnüffelt den liegenden Hund seelenruhig an den Körperöffnungen. Häufig dreht sich der liegende Hund von der Seite ganz auf den Rücken. Das bedeutet, du bist mir nicht geheuer, ich will nichts von dir, tue mir nichts. So vermeiden die Hunde ernsthafte Konflikte. Mitleid mit dem demütigen Hund ist hier völlig fehl am Platz. Wir sollten einfach weitergehen und das kluge Verhalten des Hundes respektieren.
Ebenso ungünstig ist das Bedürfnis, dem unterworfenen Hund zu "helfen" oder ihn zu streicheln. Wenn man sich in den am Boden liegenden Hund hineinversetzt, dann beugen sich nun zwei dominante Lebewesen über ihn. Eine wahrhaft mißliche Situation. Außerdem fühlt sich der stehende Hund durch seinen Besitzer noch unterstützt, damit zögert man diese Situation also nur unnötig heraus. Richtig wäre es auch hier, zügig weiterzugehen und eventuell seinen Hund zu sich zu rufen.
Hunde zeigen dieses Verhalten auch gegenüber Menschen. Im Umgang mit vertrauten Menschen oder auch mit Besuchern kann dies sehr wohl die Aufforderung zum Streicheln oder Spielen sein. Wenn ein Hund sich aber im Freien, z.B. im Park, vor völlig fremden Menschen hinlegt, ist es wahrscheinlicher, daß er entweder noch sehr jung oder vermutlich unsicher ist. Denn bei älteren Hunden ist dies Hinlegen häufig als Demutsgeste gemeint.
Ein unsicherer Hund kann sich dann bedroht fühlen, wenn man sich in Streichel-Absicht über ihn beugt. Knurren oder sogar Schnappen wäre die – aus Hundesicht verständliche – Antwort, der Mensch hingegen wäre empört "erst will er gestreichelt werden und dann knurrt er mich an!". Daher sollte man lieber den Besitzer fragen, ob der Hund ängstlich ist, bevor man sich zu ihm hinunter beugt.

Nicht jeder Hund, der am Rücken liegt, will am Bauch gestreichelt werden!
Wenn ein Hund sich wegen eines anderen Hundes unterwirft, sollte man sich als Mensch nicht einmischen, sondern zügig weitergehen. Egal, ob der eigene Hund liegt oder oben steht. Man sollte den liegenden Hund nicht bemitleiden, sondern seine soziale Verträglichkeit anerkennen, Konflikte zu vermeiden.

Aggression ist oft Zeichen von Angst

Hunde können aus verschiedenen Gründen aggressiv reagieren, z.B. wenn sie ihr Territorium, ihre Welpen oder den Futternapf verteidigen, oder wenn es Rangprobleme gibt.

Rangordnung: Wenn Hunde keine feste Rangposition in der Familie haben, versuchen sie immer wieder, ihre momentane Rangposition gegenüber den Familienmitgliedern zu verteidigen und beißen dann auch eher zu. Da Gehorsam in der Regel eine klare Rangordnung voraussetzt, sind diese Hunde oft auch unerzogen (siehe Kapitel Rangordnung).

Angst: Häufig aber greifen Hunde erst an, wenn sie sich so in die Enge getrieben fühlen, daß sie einen Konflikt für unvermeidbar halten: Um sich selbst zu verteidigen, gehen sie zum Angriff über.
Besonders ängstliche Hunde können sich schnell bedrängt und bedroht fühlen, sei es durch eine rasche Handbewegung oder durch räumliche Enge. Deshalb sind ängstliche Hunde besonders gefährlich und reagieren oft blitzschnell. Man sollte also die Anzeichen bzw. Vorboten von Angst sehr gut kennen und umgekehrt lernen, seine eigene Körpersprache zu kontrollieren: Aus Menschensicht freundliche Gesten kann der Hund als Dominanzgebaren interpretieren. Dabei reagiert ein Hund häufig auch, wenn dieses Gebaren nicht ihm, sondern Familienmitgliedern gilt. Seine Reaktion könnte Angst oder Aggression sein.

Typische Beispiele sind: sich über den Hund beugen, ihn oder ein Familienmitglied lauthals sowie mit fuchtelnden Handbewegungen begrüßen oder den Hund auf den Rücken tätscheln.

Der Mensch aus Hundesicht

Bedrohliche Gestalt:

- Er beugt sich im Stehen über den Hund.
- Er lächelt noch dazu und zeigt dabei die Zähne (= Lefzen nach hinten ziehen).
- Und er fixiert den Hund.

Aus Hundesicht ist ein Mensch, der sich so verhält, unter Umständen eine echte Bedrohung.

Dieser Hund fühlt sich durch die Dame verunsichert, weil er ihre Mimik falsch versteht.

Dieser ängstliche Hund entspannt sich, wenn der Mensch in die Hocke geht. Foto: Jung

Angenehmes Wesen:

- Er geht in die Hocke und macht sich klein.
- Er zeigt keine Zähne.
- Er sieht diskret zur Seite.

Benimmt ein Mensch sich hingegen so, empfindet ihn ein Hund als angenehm friedlich.

Gut sozialisierte Hunde lernen im Zusammenleben mit dem Menschen, daß dessen Lächeln und Zähnezeigen (= Lefzen nach hinten ziehen) sowie das in die Augen schauen ein freundlicher Gesichtsausdruck ist – anders als bei Hundeartigen.

Neben der Körperhaltung können auch Lautäußerungen wie Knurren oder Bellen auf die Unsicherheit des Hundes hinweisen. Er möchte mit dem Knurren oder Bellen sein Gegenüber abschrecken, erst wenn er damit keinen Erfolg hat und sich in die Enge getrieben fühlt, kann es zum Angriff kommen. Man sollte dieses Verhalten daher sehr ernst nehmen und den Hund keinesfalls provozieren.
Doch sichere Anzeichen von Gefahr sind beide Lautäußerungen nicht. Es kommt immer auf die Kombination mit den anderen Signalen an. Genauso wie das Schwanzwedeln können auch Knurren und Bellen ganz verschiedene Bedeutung haben, unter anderem als Spiellaute (siehe Kapitel Spiel). So kann Bellen das Gegenüber z.B. zum Mitspielen einladen.

Angst kann einen Hund schneller zubeißen lassen, als man dies erwarten würde. Deshalb sollte man die Signale der Angst, also Körpersprachen und Mimik, beim Hund unbedingt erkennen können.

Konfliktsituationen: Wie verhalte ich mich bei drohenden Konflikten?

Hildegard Jung

Kritische Situationen können rund um die Uhr und an jedem Ort, also auch im Haus, auftreten (siehe Kapitel Rangordnung sowie Familie). Die meisten Hundebesitzer denken bei dem Stichwort „Problem mit Hunden" jedoch an den Spaziergang im Park oder im Grünen. Anlässe für kritische bzw. – aus Menschensicht – unklare Situationen gibt es unzählige, abhängig von den betroffenen Hunden sowie den Umständen des Zusammentreffens. Daher sollen die folgenden typischen Situationen die Grundprinzipien für das richtige Verhalten des Menschen erklären. Grundprinzipien deshalb, weil eine vollständige Liste, was mit oder zwischen Hunden alles passieren kann, unmöglich ist. Je besser der Mensch eine Situation einschätzen kann (siehe Kapitel Körpersprache), desto eher kann er brenzlige Momente vermeiden oder zumindest entschärfen.

Konfliktsituationen Mensch – Hund im Freien

Freilaufende Hunde

- **„Böser Hund?":** Wenn Ihnen ein Hund begegnet, der Ihnen nicht ganz geheuer ist, oder wenn Sie von einem fremden Hund bedroht werden, sollten Sie demonstrativ zur Seite schauen und ihn nur aus dem Augenwinkel beobachten. Zudem können Sie stehenbleiben, da ein stehendes Objekt deutlich weniger

Böse Überraschung: Am besten bleiben Sie ruhig stehen und vermeiden es, den Hund zu fixieren.

interessant ist als etwas, das sich bewegt. Außerdem sollte man sich vor Augen halten, daß Hunde nie ohne Grund (z.B. Klärung der Rangordnung, Verteidigung von Ressourcen) angreifen: Als Passant auf der Straße oder im Park ist die Wahrscheinlichkeit, angegriffen oder gar gebissen zu werden, daher extrem gering.

Man sollte allerdings vorsichtig sein, wenn man dem Territorium (Hof, Garten) eines Hundes zu nahe kommt oder den Ressourcen (Spielzeug, Futter, Besitzer, läufige Hündin u.a.). Gerade Kinder heben gerne Spielzeug oder heruntergefallene Leckerlis auf, wenn der Hund gleichzeitig danach schnappt, kann er die Kinderhand erwischen. Gehen Hunde als Rudel spazieren – zum Beispiel Mehrhundhaushalt oder feste Spaziergeh-Treffs –, kann es sein, daß man als Spaziergänger als Eindringling aufgefasst wird. Man sollte dann ruhig stehen bleiben, bis die Hunde vorbeigelaufen sind.

Beispiel: Betreten des Territoriums eines fremden Hundes

Sie betreten einen Garten und werden dort von dem Hund des Hauses überrascht:

- Bleiben Sie als erstes einmal stehen.
- Beobachten Sie den Hund aus den Augenwinkeln, ohne ihn zu fixieren.

Viele Hunde benehmen sich Besuchern gegenüber durchaus freundlich, dann können Sie ruhig Ihre Hände beschnuppern lassen und dabei mit freundlicher Stimme den Hund begrüßen. Danach können Sie in aller Regel zum Haus gehen.

Reagiert der Hund unfreundlich – er bellt oder knurrt, bleibt drohend vor Ihnen stehen -, ist Vorsicht angebracht.

Versuchsweise können Sie langsam einige Schritte rückwärts gehen. Wichtig ist es, dem Hund nicht den Rücken zuzukehren. Toleriert der Hund dies, gehen Sie zum Gartentor zurück. Verstärkt der Hund hingegen sein Drohverhalten, müssen Sie stehen bleiben, abwarten und notfalls um Hilfe rufen.

- **Spielende Hunde:** Im Eifer des Gefechtes schauen spielende Hunde nicht, wo sie hinlaufen, und können Passanten so leicht zu Fall bringen. Man sollte deshalb spontan entscheiden, ob es besser ist, stehen zu bleiben oder sich mit einem Sprung aus der Gefahrenzone zu retten.

Angeleinter Hund

Einige Hunde bellen oder knurren Passanten an, gerade, wenn sie angeleint sind. Hier sollte man als Passant in sicherem Abstand vorübergehen und den Hund ignorieren.

Als Besitzer des Hundes sollte man sich entschuldigen und den Hund wortlos aus der Situation entfernen (siehe Kapitel Richtig reagieren). Man darf den Hund weder beruhigen, noch strafen. Am besten wendet man sich an einen Verhaltenstherapeuten.

Freilaufende Hunde im Park sind meist wenig gefährlich. Wenn man nicht gerade in die Nähe seines Territoriums kommt oder einen Hund in die Enge treibt, wird er sich kaum für Passanten interessieren.

Kritische Situationen zwischen Hunden

Rassen mit wenig Mimik (Windhunde, Bullterrier, Scotch Terrier, Rottweiler, Bobtail u.a.) werden häufiger in Mißverständnisse verwickelt. Auch rassebedingte Abweichungen in der Körpersprache müssen Hunde wie eine Fremdsprache lernen, so wie sie auch lernen, daß Lächeln beim Menschen nicht drohend, sondern sehr freundlich gemeint ist: So zeigen z.B. Rassen mit Kringelrute sozusagen von Haus aus Imponiergehabe, der Rhodesian Ridgeback hat immer die Nacken- und Rückenbürste gestellt. Boxer hingegen runzeln ständig die Stirn.
Daher ist es ganz wichtig, daß bereits Welpen erfahren, daß Hunde nicht immer wie die von klein auf bekannten Hunde (z.B. Mutter, Wurfgeschwister) aussehen und daß dies nicht zwingend gefährlich sein muß.

Vermeiden eines Konfliktes: Ein Hund unterwirft sich

Hunde versuchen in der Regel, Konflikte zu vermeiden, zum Beispiel, indem sie sich passiv unterwerfen, also hinlegen (siehe Kapitel Körpersprache). Häufig ruft dieses Verhalten bei Menschen Mitleid hervor sowie das Bedürfnis, den liegenden Hund zu kraulen. Das sollte man auf jeden Fall bleiben lassen, stattdessen gehen beide Hundebesitzer zügig weiter und können aus der Distanz eventuell die Hunde zu sich rufen. Meist entspannt sich die Situation rasch von selbst (siehe Kapitel Körpersprache).

Alternativ schlagen einige Hunde demonstrativ einen großen Bogen um anderen Hunde, um auf diese Weise eine Auseinadersetzung bzw. ein Kräftemessen zu vermeiden. Als Besitzer sollte man dies erkennen – der Hund trägt die Rute nicht erhoben und wendet den Blick meist ab – und den Hund nicht durch Bei-Fuß-Gehen in den Konflikt hineinführen.

Konfliktvermeiden: Dieser Hund unterwirft sich und geht Ärger damit aus dem Wege.
Foto: H. Jung

Geruchskontrolle: Entweder gehen die Hunde danach auseinander oder es kommt zu einer Rangelei. Foto: H. Jung

Scheinkampf: Zwei Hunde stehen sich knurrend gegenüber

Knurren und Schreien ist Teil eines Show-Kampfes, bei dem keiner der Hunde den Gegner verletzen will. Meist geht es laut dabei zu, was man als Besitzer fälschlich als besonders bedrohlich empfindet. Doch dies gehört zum ganz normalen Imponierverhalten und Kräftemessen unter Hunden.
Als Besitzer sollte man dies auf neutralem Terrain nicht weiter beachten und auf keinen Fall dazwischen gehen.
Selbst wenn sich aus dem Knurren eine lautstarke Rauferei entwickelt, passiert meist nichts. Häufig liest man den Rat, raufende Hunde alleine zu lassen (beide Besitzer laufen demonstrativ in entgegengesetzte Richtungen weg und entziehen ihrem Hund die Unterstützung), dann würde in der Regel nicht viel passieren. Das gilt jedoch in erster Linie für den Fall, daß die beteiligten Hunde in etwa gleich stark und beide gut sozialisiert sind. Auf Privathunde im Park kann man dies nur bedingt übertragen.

• **Scheinkampf:** Wenn beide Hunde in etwa gleich groß sind, kann man die Raufer alleine lassen: Beide Besitzer laufen demonstrativ in entgegengesetzter Richtung weg und entziehen ihrem Hund die Unterstützung, dann wird in der Regel nicht viel passieren. Aus der Distanz rufen sie jeweils ihren Hund zu sich.

• **aus Show wird Ernst?** Beide Hunde reagieren nicht mehr auf den Ruf des Besitzers und beginnen ernsthaft – mit Verletzung des anderen – zu raufen, ein eher seltener Vorfall, denn die meisten Raufereien sind in Sekundenschnelle schon wieder vorbei. Wenn es wirklich ernst wird, wird der Kampf meist lautlos.
Es ist also wichtig, als Besitzer seinen Hund bewußt zu beobachten, damit man sein Verhaltensrepertoire kennt. Wenn man genau weiß, wie das Imponiergehabe, die Scheinkämpfe ablaufen, kann man frühzeitig erkennen, „wenn etwas nicht stimmt". Dies ist der Zeitpunkt, um seinen Hund zu sich zu rufen!
Man kann seinem Ruf Nachdruck verleihen, indem man z.B. Ball, Wurfkette, Leine auf die Köpfe der Hunde wirft. Falls die Hunde durch das Geschoß einen Moment mit dem Gerangel aufhören, ruft man sie zu sich und leint sie an. Ist die Beißerei schon im Gange, hilft dies allerdings nicht mehr.
Häufig liest man den Rat, die Hunde an den Hinterbeinen zu packen und auseinanderzuziehen. Das kann richtig sein, kann aber auch dazu führen,

daß die Hunde erst recht fest zubeißen. Einen Ratschlag, passend für alle Situationen kann es daher nicht geben.

Für den äußersten Notfall kann man Pfefferspray (erhältlich in Waffenläden oder bei Jägerbedarf) auf Spaziergänge mitnehmen. Wenn die Hunde völlig verbissen sind, dann kann man es beiden Hunden ins Gesicht sprühen. Die Hunde lassen los, werden sofort angeleint und sollten in sicherem Abstand „Sitz“, besser „Platz“ machen (Unterordnung unter Besitzer). – Im eigenen Garten kann man versuchen, Raufer mit dem Wasserschlauch zu trennen.

Fazit: Wenn ein Hund gelernt hat, auf Ruf verläßlich zu seinem Besitzer zu kommen, kann man selbst Stress-Situationen wesentlich besser meistern (siehe Kapitel Hundeschule). Vorausgesetzt, man greift frühzeitig ein, bevor ein Scheinkampf eskaliert.

Beispiel: Hunde, die um sich beißen

Dieses Beispiel soll verdeutlichen, daß zum einen nicht immer aggressives Verhalten Auslöser für Beißereien sein muß, und daß zum anderen der Mensch ursächlich mitbeteiligt sein kann:

Eine läufige Hündin wird von ihrer Besitzerin an der langen Flexileine gehalten und spielt mit einem freilaufenden kastrierten Rüden, den sie von klein auf kennt. Ein fremder freilaufenden Rüde kommt in Sicht, und die Besitzerin der Hündin rollt die Flexileine automatisch auf. Dabei werden die spielenden Hunde eingewickelt, die Leine schneidet ein – der Rüde blutet am Penis: Beide Hunde schreien und schnappen um sich. – Ideal wäre es, die Besitzer des fremden Rüdens würden diesen sofort anleinen, dann könnte die Besitzerin der Hündin mit der Flexileine nachgeben und die Hunde auswickeln.

In diesem Fall entschloß sich die Besitzerin des kastrierten Rüden, mit dem Bein zwischen die beiden Hunde zu gehen und erst den eigenen, dann die Hündin auszuwickeln. In diesem Fall ging dies gut, vermutlich auch, weil beide Hunde sie kannten. Generell empfehlen kann man diese Methode nicht, da man als Mensch ein hohes Risiko eingeht, gebissen zu werden.

Man kann jedoch daraus auch für andere Konfliktsituationen lernen,

1.Wann immer man als Unbeteiligter an einer „Verwicklung“ vorbeikommt, egal ob freundliches oder aggressives Getümmel, sollte man den eigenen Hund bei Fuß gehen lassen und einen weiten Bogen um die beiden Hunde machen.

2. Außerdem sollte man Hunde nie an der Leine spielen lassen. – Übrigens auch nicht mit einem Halsband, das im Notfall nicht aufgeht bzw. aus dem der Hund nicht herausschlüpfen kann.

3. Körperteile des Menschen lassen sich nicht ersetzen, deshalb sollte man weder mit Händen noch mit Füßen in eine Auseinandersetzung zwischen Hunden eingreifen: Dieser Rat klingt sehr hart, aber man sollte ihn in Ruhe überdenken, um sich schon theoretisch zu überlegen, ob man sich und seine Arbeitsfähigkeit gefährden sollte.

Wenn der eigene Hund auf andere Hunde unfreundlich bis aggressiv reagiert

Raufer werden nicht geboren, sie erlernen dieses Verhalten. Häufig beginnt dies schon im Welpenalter durch mangelnde (z.B. Hunde, die nur im Zwinger aufgewachsen sind) oder schlechte Sozialisierung (z.B. Hunde, die in der Welpenspielstunde allen anderen Hunden kräftemäßig weit überlegen waren).
Mit der Pubertät wächst die Raufbereitschaft, Rüden neigen deutlich mehr zu Raufereien als Hündinnen. Mit jeder „erfolgreichen" Rauferei lernt ein Hund, daß er Konflikte nicht meiden braucht. Er wird also immer schneller bereit sein, sich mit einem anderen Hund anzulegen. Dies ist ein Teufelskreis. Als Besitzer reagiert man zudem oft falsch, schimpft und schreit, so verstärkt man dieses Verhalten auch noch: Der Hund fühlt sich nicht gemaßregelt, sondern angefeuert (siehe Kapitel Richtig reagieren)!
Manche Besitzer, statistisch häufiger Männer, finden am draufgängerischen Verhalten eines Hundes durchaus Gefallen und loben ihn dafür. Auch das bestärkt den Hund darin, Raufen ist erwünscht. Dies ist gefährlich. Denken Sie daran, daß der Hund dies dann – unschuldig – büßen muß: Denn Raufer können die Auflage Leinen- und Maulkorbzwang bekommen.
Wenn Sie den Eindruck haben, Ihr Rüde ist auf dem besten Wege, ein Raufer zu werden, sollten Sie sich professionelle Hilfe holen. Je eher man die Raufer-Karriere beendet, desto besser.

• **Ihr Hund macht grundsätzlich Probleme:**
- Dann sollten Sie höchstvorsorglich Ärger aus dem Weg gehen, indem Sie anderen Hunden ausweichen, und mit Hilfe eines Verhaltenstherapeuten das Übel an der Wurzel packen. Mit Erziehung und einem Verhaltens-Training läßt sich viel erreichen.
- Hat Ihr Hund bereits einen anderen Hund gebissen, sollten Sie ihn mit Maulkorb ausführen, in bewohntem Gebiet grundsätzlich an der Leine. Denn, wenn ein Hund einmal gebissen hat, ist die Wahrscheinlichkeit groß, daß er es wieder tut.

• **Ihr Hund hat nur mit manchen Hunden Schwierigkeiten:**
- Hat Ihr Hund z.B. nur mit Rüden Probleme, können Sie bei jeder Hundebegegnung aus sicherer Distanz erfragen, ob der andere Hund ein Rüde oder eine Hündin ist. Ist es ein Rüde, leinen beide Besitzer ihren Hund an und umgehen so das mögliche Problem.
- Wissen Sie nicht so genau, auf welchen Hundetyp Ihr Hund unfreundlich reagiert, leinen Sie Ihren Hund an und bitten Sie den Besitzer des entgegenkommenden Hundes höflich, seinen Hund ebenfalls an die Leine zu nehmen. Im Grunde sollte jeder seinen Hund automatisch an die Leine nehmen, wenn ihm ein angeleinter Hund entgegenkommt (siehe Kapitel Öffentlichkeit).
- Lassen Sie Ihren Hund grundsätzlich erst nach Absprache mit dem/den anderen Hundebesitzer/n frei laufen.
- Und Sie sollten Rat bei einem Verhaltenstherapeuten holen.

- **Ihr Hund ist unproblematisch, begegnet aber einem Raufer:**

Wenn Ihnen ein kritischer Hund alleine entgegenkommt, sollten Sie den eigenen Hund anleinen und ausweichen, z.B. auf die andere Sraßenseite. Auf freiem Feld muß man eventuell auch umdrehen, um eine Begegnung zu vermeiden. Alternativ kann man seinen Hund auch ablegen, wenn er gut erzogen und eher defensiv ist, und den anderen Hund passieren lassen.
Ist der Besitzer des Hundes dabei, bitten Sie diesen frühzeitig, seinen Hund an die Leine zu nehmen.

Raufereien zwischen fremden Hunden im Park sind glücklicherweise nicht allzu häufig. Je weniger man eingreift, desto besser. Wenn die Hunde sich aber verletzen, sollte man bei der „Rettungsaktion" vor allem darauf achten, nicht selbst gebissen zu werden.

Gefahrensituationen im Haus

Vor allem dann, wenn die Rangordnung nicht ganz klar ist, kann es in Haus und Wohnung zu gefährlichen Situationen kommen. Denn dann muß der Hund – aus seinem Rudelverständnis, ob er will oder nicht – ständig austesten, wer das Sagen hat: er oder der/ein Mensch. Das kann nicht gut gehen, deshalb bemühen Sie sich von Anfang an darum, dem Hund in seiner Sprache – mit friedlichen Gesten – unmißverständlich klar zu machen, daß Sie der Boß sind. Beispiele hierzu finden Sie in den Kapiteln Rangordnung sowie Familie.
Vielleicht fällt es Ihnen leichter, für klare Verhältnisse zu sorgen, wenn Sie wissen, daß die a-Position im Rudel gar nicht so begehrt ist. Hunde im sicheren Mittelfeld haben weniger Streß und leben daher auch länger.

Richtig reagieren

Dorothea Döring-Schätzl

Was tun, wenn sich der eigene Hund aggressiv verhält?

Wenn man sich im kritischen Moment richtig verhält, gelingt es häufig noch, Schlimmes zu verhüten. Reagiert man falsch, kann die Situation außer Kontrolle geraten, und es könnte womöglich zum Biß kommen.
Was soll man tun, wenn der eigene Hund einen selbst, ein Familienmitglied oder jemand anderes bedroht?

Am besten bricht man die Situation ab, so daß kein Schaden angerichtet werden kann. Das heißt in den meisten Fällen, daß man den Hund wegführt, so daß er denjenigen, den er bedroht, nicht mehr sehen kann. Oder man unterbricht das Drohverhalten (mit einem lauten Geräusch, einem Wurfobjekt usw., s.u.). Wenn Sie selbst bedroht werden, brechen Sie die Situation ab, indem Sie den Hund nicht weiter herausfordern, sondern sich abwenden (s.u.).

Die wichtigste Regel lautet: Man vermeidet alles, was den Hund in seiner Aggression noch stärker aufregen oder provozieren könnte. Einen aggressiven Hund darf man daher weder schimpfen, schlagen noch anders bestrafen. Man darf auch nicht versuchen, ihn zu beruhigen.

Wenn Ihr Hund Sie selbst oder jemand anderes bedroht, sollten Sie die Situation sofort abbrechen. Auf keinen Fall dürfen Sie den Hund bestrafen, provozieren oder ihn beruhigen.

Folgendes Beispiel von Herrn Müller soll verdeutlichen, warum sowohl Bestrafen als auch Beruhigen die falschen Reaktionen auf das aggressive Verhalten eines Hundes sind.

Beispiel:
Der Hund von Herrn Müller bellt und knurrt einen anderen Hund an.

Einen aggressiven Hund darf man nicht beruhigen, er fühlt sich sonst belohnt!

Beruhigen
Folgendes passiert, wenn Herr Müller versucht, den Hund zu beruhigen.

Das sagt Herr Müller: „Sei jetzt schön brav! Du mußt dich doch gar nicht aufregen!“
Das versteht der Hund: „Herrchen findet, daß ich ganz brav bin. Er freut sich über mein Knurren!“

Wie kommt das Mißverständnis zustande?
Herr Müller bedenkt nicht, daß sein Hund den Inhalt von Sätzen nicht verstehen kann. Der Hund achtet dagegen auf den Klang der Stimme und die Körpersprache seines Besitzers. Er bezieht die freundlichen Worte auf sein Verhalten und denkt, daß sein Knurren erwünscht ist, weil er gestreichelt wird und Herr Müller nett mit ihm spricht.

Wenn man versucht, einen aggressiven Hund zu beruhigen, könnte er das als Lob und Belohnung mißverstehen.

Schimpfen und Bestrafen
Folgendes passiert, wenn Herr Müller seinen Hund schimpft oder bestraft.

Einen aggressiven Hund darf man nicht schimpfen oder bestrafen, weil dies die Aggression noch steigert.

Das sagt Herr Müller: „Schluß jetzt! Wirst Du wohl Ruhe geben!“
Das versteht der Hund: „Herrchen ist ganz aufgeregt! Er ist genauso wütend wie ich über den anderen Hund und hilft mir beim Angriff.“

Wie kommt das Mißverständnis zustande?
Der Hund versteht nicht die Worte, sondern merkt lediglich die Aufregung seines Besitzers, und die verbindet er mit dem anderen Hund.

Herr Müller ruckt am Halsband und schlägt seinen Hund sogar vor Zorn.
Das versteht der Hund: „Das tut weh! Ich habe Schmerzen, wenn der andere Hund da ist. Er ist für mich unangenehm!“

Folge: Beim nächsten Mal wird der Hund von Herrn Müller wieder aggressiv reagieren, wenn er den anderen Hund sieht.

Einen aggressiven Hund darf man nicht schimpfen, weil er dies als „Mitbellen“ und Verstärkung mißverstehen könnte. Man darf ihn nicht bestrafen, da er dadurch noch aufgeregter und aggressiver werden kann. Außerdem besteht die Gefahr, daß sich der Hund umdreht und seinen Besitzer beißt.

So ist es richtig: Ist der eigene Hund aggressiv, wendet man sich ab und unterbricht die Situation.

So ist es richtig: Mit einem problematischen Hund muß man ein ruhiges Verhalten trainieren.

Was kann Herr Müller tun?

Er darf seinen Hund nicht beruhigen, er darf ihn nicht schimpfen oder bestrafen. Da bleibt nur eine Möglichkeit:

Herr Müller muß sich wortlos abwenden, weggehen und seinen Hund aus der Situation herausführen. Erst wenn der Hund wieder ruhig ist, darf er ihn wieder beachten.

Am besten geht Herr Müller zu einem Tierarzt, der sich auf Verhaltenstherapie spezialisiert hat. Mit einem Verhaltenstraining kann man erreichen, daß der Hund umlernt und friedlicher wird.

In nächster Zeit sollte Herr Müller vermeiden, daß wieder die Problemsituation entsteht. Er sollte beim Spaziergang sehr aufmerksam sein. Wenn er einen anderen Hund kommen sieht, sollte Herr Müller seinen eigenen Hund „Sitz" machen lassen und auf sich konzentrieren. Dabei ist es wichtig, daß Herr Müller rechtzeitig reagiert, d.h. bevor sich sein Hund aufregt.

Wenn Ihr Hund an der Leine andere Menschen oder Hunde anknurrt oder anbellt, sollten Sie sich abwenden und den Hund aus der Situation möglichst ruhig herausführen. Sie sollten mit Hilfe eines Spezialisten ein Verhaltenstraining durchführen, damit Ihr Hund lernt, sich in Zukunft ruhig und friedlich zu verhalten.

Beispiel:
Ihr Hund liegt auf dem Sessel und knurrt Sie an. Was sollen Sie tun?

So sollen Sie reagieren:
Wenden Sie sich wortlos ab.

Begründung:
In diesem kritischen Moment, in dem Sie von dem Hund bedroht werden, können Sie ihn sowieso nicht erziehen. Strafen oder Beruhigen sind die falschen Maßnahmen. Es bleibt Ihnen somit nichts anderes übrig, als sich abzuwenden und dann wegzugehen. Das Knurren ist für Sie jedoch ein Warnsignal, das Ihnen zeigt, daß die Beziehung zwischen Ihnen und Ihrem Hund nicht in Ordnung ist. Da müssen Sie etwas Grundlegendes tun:

- Am besten wenden Sie sich an einen verhaltenstherapeutisch tätigen Tierarzt. Er wird herausfinden, was die Ursache des Problems ist und wird Ihnen zeigen, was Sie zur Lösung tun können.
- Zeigen Sie Ihrem Hund durch das konsequente Befolgen der Rangordnungsregeln (siehe Kapitel Rangordnung), daß Sie der ranghöhere Partner sind und über den Hund bestimmen – nicht umgekehrt.
- Lassen Sie den Hund in Zukunft auf keine Möbel mehr. Vorerst sollte Ihr Hund in der Wohnung Halsband und Leine tragen, damit Sie ihn daran wortlos (aus sicherer Entfernung) vom Sessel herunterziehen können, wenn er hinaufspringt.

Was Sie ***nicht*** *tun dürfen:*
Auf keinen Fall dürfen Sie, wenn Sie angeknurrt werden, schimpfen, den Hund schlagen oder anders bestrafen!
Sie dürfen auch nicht versuchen, den Hund vom Sessel herunter zu drängen.

Begründung:
- Wenn Sie den Hund bestrafen oder bedrängen, könnte er beißen. Es könnte einen Kampf geben, bei dem Sie verletzt werden. Daher unbedingt Hände weg!
- Wenn Sie den Hund schimpfen, ihn bedrängen oder schlagen, lernt der Hund, daß es beim nächsten Mal nicht ausreicht zu knurren. Womöglich wird er dann beim nächsten Mal schnappen oder gleich zubeißen, um sich durchzusetzen.
- Wenn Sie den Hund bestrafen und er jetzt klein beigibt, ist es nicht gesagt, daß er nicht beim nächsten Mal wieder aggressiv reagieren wird. Durch Bestrafen erreichen Sie keine wirkliche Besserung. Das Knurren ist als Warnsignal zu verstehen, daß die Beziehung zwischen Ihnen und Ihrem Hund nicht in Ordnung ist. Hier muß die Ursache behandelt werden. Wenn

Sie dem Hund mit Gewalt zeigen, wer der Stärkere ist, hilft das nicht wirklich und auf Dauer, denn Sie behandeln so nicht die Ursache des Problems, sondern unterdrücken die Warnsignale.
- Wenn es sich um einen Hund handelt, der Menschen mißtraut oder der leicht zu verunsichern ist, dann besteht die Gefahr, daß durch Schimpfen, Bedrängen oder Schlagen der Hund noch mißtrauischer wird. Er wird den Menschen dann umso mehr als Bedrohung ansehen und sich und seinen Platz womöglich umso stärker gegen seinen Besitzer verteidigen.

*Was Sie auch **nicht** tun dürfen:*
Auf keinen Fall dürfen Sie versuchen, den Hund jetzt zu beruhigen. Sie dürfen jetzt auch nicht mit dem Hund sprechen oder ihn mit Futter locken.

Begründung:
Wenn Sie den Hund beruhigen, mit ihm sprechen oder ihm sogar Futter anbieten, wenn er knurrt, denkt Ihr Hund, daß es sich für ihn lohnt, zu knurren. Sie belohnen so den Hund – unabsichtlich – für das Knurren! Beim nächsten Mal wird Sie der Hund womöglich wieder anknurren.

Wenn Sie angeknurrt werden: Vorsicht! Wenden Sie sich jetzt wortlos ab. Sie dürfen den Hund jetzt weder bestrafen noch wegdrängen und auch nicht versuchen, ihn zu beruhigen. Das Knurren ist ein Warnsignal, das Ihnen zeigt, daß etwas Grundlegendes in Ihrer Beziehung zum Hund nicht stimmt. Dies Problem müssen Sie (später, und nicht in der Gefahrsituation) richtig angehen, am besten mit professioneller Hilfe!

Beispiel:
Ihr Hund knurrt Sie an, wenn Sie sich ihm und seinem Futternapf nähern.

So sollen Sie reagieren:
Wenden Sie sich wortlos ab.
Nehmen Sie aber das Knurren ernst und ändern Sie etwas Grundlegendes in Ihrer Beziehung zum Hund.

*Was Sie **nicht** tun dürfen:*
Auf keinen Fall dürfen Sie, wenn Sie angeknurrt werden, schimpfen und den Hund bestrafen oder versuchen, ihm das Futter wegzunehmen.
Sie dürfen ihn auch nicht beruhigen, mit ihm sprechen oder mit Futter locken.

Begründung und Maßnahmen:
Siehe Beispiel: Ihr Hund liegt auf dem Sessel und knurrt Sie an.

Bitte beachten Sie zusätzlich:
- Nehmen Sie nicht mehr dem Hund das Futter weg. Er soll in Ihnen keine Konkurrenz sehen.
- Lassen Sie den Hund in Zukunft „Sitz“ machen und warten, bevor Sie ihm seinen Futternapf hinstellen. Lassen Sie ihn in Ruhe fressen. Räumen Sie später, wenn der Hund gegangen ist, den Futternapf weg.

Wenn Ihr Hund sein Futter vor Ihnen verteidigt, stimmt etwas in Ihrer Beziehung zum Hund nicht. Sie könnten gebissen werden, wenn Sie jetzt den Hund bestrafen oder ihm das Futter wegnehmen. Wenden Sie sich in dieser kritischen Situation lieber wortlos ab, und nehmen Sie das Knurren als Anlaß, mit Ihrem Hund ein Verhaltenstraining zu beginnen.

Beispiel:
Ihr Hund knurrt Sie an, wenn Sie ihn abputzen.

So sollen Sie reagieren:
Hören Sie sofort mit dem Abputzen auf. Halten Sie zuerst kurz still, wenn der Hund knurrt. Einen Moment später, wenn der Hund aufhört zu knurren, entfernen Sie sich wortlos.
Natürlich muß dann das Problem grundlegend behandelt werden. Am besten beginnen Sie mit einem (professionell geleiteten) Verhaltenstraining.

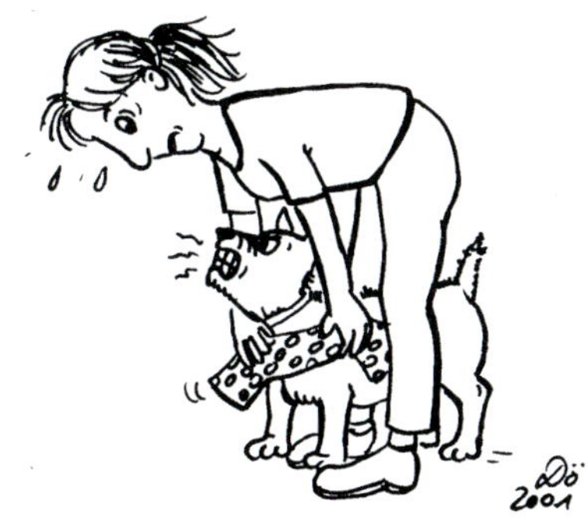

*Was Sie **nicht** tun dürfen:*
Sie dürfen den Hund weder schimpfen noch bestrafen oder weiter abputzen. Sie dürfen auch nicht den Hund zu beruhigen versuchen.

Begründung und Maßnahmen:
Siehe Beispiel: Ihr Hund liegt auf dem Sessel und knurrt Sie an.

Bitte beachten Sie zusätzlich:
- Unterlassen Sie vorerst das Pfotenabputzen, Bürsten und ähnliche Maßnahmen.
- Gewöhnen Sie Ihren Hund nach und nach in kleinen Schritten an diese Maßnahmen und belohnen Sie ihn für friedliches Verhalten. Üben Sie beispielsweise das Pfotenputzen häufig und ganz kurz und „zärtlich“, z.B. wenn Sie mit Ihrem Hund spielen oder schmusen und wenn die Pfoten gar nicht dreckig sind.

Wenn Sie Ihr Hund beim Abputzen oder bei anderen Berührungen anknurrt, stimmt wahrscheinlich etwas in Ihrer Beziehung zum Hund nicht. Sie könnten gebissen werden, wenn Sie jetzt nicht vorsichtig sind. Hören Sie besser sofort mit dem Abputzen auf.

Beispiel:
Ihr Hund knurrt das Baby an, das an sein Spielzeug will.

Achtung! Diese Situation ist ganz kritisch! Wenn Sie falsch reagieren, könnte das Kind gebissen werden.

So sollen Sie reagieren:
Unterbrechen Sie die Situation, indem Sie ein Kissen nach dem Hund werfen oder ein lautes Geräusch hinter dem Hund machen (z.B. einen Topfdeckel fallen lassen oder etwas Schepperndes hinter den Hund werfen). Ihr Hund soll dabei nicht merken, daß das Geräusch oder Wurfgeschoß von Ihnen kam. Wenn Kind und Hund kurz verdutzt sind und sich der Hund nach dem Kissen oder dem Scheppergegenstand umblickt, können Sie ihn wegrufen.

Begründung:
In diesem kritischen Moment, in dem das Kind von dem Hund bedroht wird, können Sie diesen sowieso nicht erziehen. Sie müssen die Situation unterbrechen und so entschärfen. Strafen oder Beruhigen sind die falschen Maßnahmen. Das Knurren ist für Sie das Warnsignal, das Ihnen zeigt, daß die Beziehung zwischen Ihrem Hund und dem Kind nicht in Ordnung ist. Da müssen Sie etwas Grundlegendes tun:

- Lassen Sie Hund und Kind nie miteinander alleine!
- Wenden Sie sich unbedingt an einen verhaltenstherapeutisch tätigen Tierarzt. Er wird herausfinden, was die Ursache des Problems ist und wird Ihnen zeigen, was Sie zur Lösung tun können.
- Gewöhnen Sie den Hund (in kleinen Schritten, mit Futterbelohnung) an einen Maulkorb. In Zukunft soll der Hund den Maulkorb tragen, wenn er mit dem Kind Kontakt hat.
- Zeigen Sie Ihrem Hund durch das konsequente Befolgen der gewaltfreien Rangordnungsregeln (siehe Kapitel Rangordnung), daß er den niedrigsten Platz in der Familienrangordnung hat.
- Lesen Sie das Kapitel Familie.
- Schaffen Sie in der Wohnung getrennte Bereiche für Hund und Kind. Der Hund soll Rückzugsbereiche haben, an denen er vor dem Kind sicher ist und umgekehrt.

- Alles Schöne für den Hund soll in Zukunft mit der Anwesenheit des Kindes verbunden sein. Ist das Kind nicht mit im Zimmer, beschäftigen Sie sich auch nicht mit dem Hund.
- Lassen Sie in Zukunft kein Spielzeug in der Wohnung herumliegen, wenn der Hund dabei ist. Dies gilt sowohl für das Spielzeug des Hundes als auch für das des Kindes.

*Was Sie **nicht** tun dürfen:*
1. Sie dürfen jetzt nicht aufgeregt hinlaufen, das Kind packen und laut schimpfen.
2. Auf keinen Fall dürfen Sie jetzt den Hund schimpfen, schlagen oder anders bestrafen!

Begründung:
- Durch Ihre Aufregung könnte es erst recht gefährlich werden: Der Hund könnte dann nach dem Kind schnappen.
- Wenn Sie den Hund bestrafen, lernt der Hund, daß die Nähe des Kindes für ihn etwas Bedrohliches ist. Er lernt, daß es ihm schlecht ergeht, wenn das Kind da ist. So wird er in Zukunft womöglich noch aggressiver auf das Kind reagieren.
- Wenn Sie den Hund schimpfen, schlagen oder anders bestrafen, könnte er Sie selbst beißen.
- Durch Bestrafen erreichen Sie keine Besserung, denn Sie behandeln so nicht die Ursache des Problems, sondern unterdrücken die Warnsignale. Es ist zu befürchten, daß der Hund beim nächsten Mal wieder aggressiv reagieren wird.

*Was Sie auch **nicht** tun dürfen:*
Auf keinen Fall dürfen Sie den Hund jetzt zu beruhigen versuchen. Sie dürfen jetzt nicht mit dem Hund sprechen. Sie dürfen den Hund jetzt nicht mit Futter locken.

Begründung:
Wenn Sie den Hund beruhigen, mit ihm sprechen oder ihm sogar Futter anbieten, wenn er knurrt, denkt Ihr Hund, daß es sich für ihn lohnt, zu knurren. Sie belohnen so den Hund – unabsichtlich – für das Knurren! Beim nächsten Mal wird der Hund womöglich wieder knurren.

Wenn Ihr Hund das Kind bedroht: Unterbrechen Sie die Situation mit einem Scheppergeräusch oder einem Kissenwurf auf den Hund, ohne daß er erkennt, daß das Geschoß von Ihnen kam. Rufen Sie den Hund dann zu sich. Sie dürfen den Hund weder schimpfen noch bestrafen, sonst lernt der Hund, daß die Anwesenheit des Kindes für ihn unangenehm ist. Sie dürfen den Hund auch nicht zu beruhigen versuchen. Das Knurren ist ein Warnsignal, das Sie ernst nehmen sollten. Dies Problem müssen Sie (später, und nicht in der Gefahrsituation) richtig angehen. Am besten fragen Sie einen verhaltenstherapeutisch tätigen Tierarzt.

Beispiel:
Ihr Hund knurrt aus einiger Entfernung das Baby an, das vorbeikrabbelt.

So sollen Sie reagieren:
Im ersten Moment tun Sie am besten gar nichts, es sei denn, die Situation ist so gefährlich, daß Sie sie unterbrechen müssen (siehe Beispiel: Hund knurrt Baby an, das an sein Spielzeug will). Jedes Schimpfen, Bestrafen oder Beruhigen kann die Aggression verstärken.
Nehmen Sie das Knurren aber als wichtiges Warnsignal. Hier ist die Beziehung zwischen Hund und Kind nicht in Ordnung, und aus dem Knurren kann noch viel Schlimmeres werden.

Manche Hundehalter meinen, ein Hund hätte das Recht, Kinder anzuknurren, wenn er seine Ruhe haben möchte. Aber ein Recht zu aggressivem Verhalten gibt es nicht! Es mag vielleicht verständlich sein, wenn sich ein Hund wehrt, aber es ist nicht gutzuheißen oder zu akzeptieren. Das heißt nicht, daß Sie den Hund bestrafen sollen. Im Gegenteil, durch Strafe fühlt sich der Hund in Gegenwart des Kindes noch weniger wohl und wird wahrscheinlich wieder aggressiv reagieren, wenn sich das Kind nähert.

Wenn Sie bei Ihrem Hund auch nur leichte Anzeichen von Drohung Ihrem Kind gegenüber wahrnehmen (z.B. Lefze heben, Zähne zeigen), dürfen Sie keine Zeit verschenken: Lassen Sie Hund und Kind nie allein, gewöhnen Sie den Hund an einen Maulkorb, schaffen Sie getrennte Bereiche usw. (siehe Beispiel: Hund knurrt Baby an, das an sein Spielzeug will, und siehe Kapitel Familie).

Wenn Ihr Hund Ihr Kind anknurrt, ist dies ein sehr ernst zu nehmendes Warnsignal. Es wäre leichtsinnig, den Vorfall auf die leichte Schulter zu nehmen. Seien Sie gewarnt und entsprechend vorsichtig.

Beispiel:
Ihre Tante kommt zu Besuch und wird von Ihrem Hund bedroht. Wie sollen Sie reagieren?

So sollen Sie reagieren:
Wenn Ihr Hund den Besuch gefährlich bedroht, unterbrechen Sie die Situation mit einem Scheppergeräusch oder einem Kissenwurf auf den Hund, ohne daß er erkennt, daß das Geschoß von Ihnen kam. Rufen Sie den Hund dann (wenn er nicht mehr knurrt oder bellt) zu sich, loben Sie ihn für das Kommen und lassen Sie ihn neben sich „Platz“ machen, eventuell an der Leine oder mit Maulkorb. Wenn er nicht ruhig bleibt, bringen Sie ihn aus dem Zimmer heraus. Lassen Sie Ihren Hund auf gar keinen Fall mit Ihrem Besuch alleine!

Dies Problem müssen Sie (später und nicht in der Gefahrensituation) richtig angehen, am besten mit professioneller Hilfe! Der Hund soll im Verhaltenstraining schrittweise lernen, Besucher zu tolerieren und sich ruhig zu verhalten (siehe Kapitel Familie).

Was Sie ***nicht*** *tun dürfen:*
Sie dürfen den Hund weder schimpfen noch bestrafen, solange er sich aggressiv verhält, sonst lernt er, daß Besuch für ihn unangenehm ist, oder er denkt, daß Sie „mitbellen“. Versuchen Sie auch nicht, den Hund zu beruhigen. Er meint sonst, daß Sie mit seinem aggressiven Verhalten zufrieden sind.

Wenn Ihr Hund keinen Besuch akzeptiert, seien Sie auf der Hut. Am besten vermeiden Sie generell, daß Ihr Besuch erschreckt oder bedroht wird. Im Notfall gilt: das aggressive Verhalten muß rasch unterbrochen werden, um die Gefahr abzuwenden.

Beispiel:
Ihr Hund bedroht beim Spaziergang Passanten. Wie sollen Sie reagieren?

So sollen Sie reagieren:
Entschuldigen Sie sich bei dem Passanten, wenden Sie sich ab und ziehen Sie den Hund wortlos hinter sich her. Wenn der Hund ruhig ist, lassen Sie ihn „Sitz" machen und loben ihn für den Gehorsam.
Wenn Sie einen Passanten sehen, sollten Sie den Hund „Sitz" oder „Platz" machen lassen, bevor er sich aufregt, so daß sich der Hund auf Sie konzentriert.

Dies Problem müssen Sie (später, und nicht in der Gefahrsituation) richtig angehen, am besten mit professioneller Hilfe! Der Hund soll im Verhaltenstraining schrittweise lernen, Passanten zu tolerieren und sich ruhig zu verhalten.

*Was Sie **nicht** tun dürfen:*
Sie dürfen den Hund weder schimpfen noch bestrafen, sonst lernt der Hund, daß Passanten für ihn unangenehm sind, oder er denkt, daß Sie „mitbellen". Versuchen Sie auch nicht, den Hund zu beruhigen. Er meint sonst, daß Sie mit seinem aggressiven Verhalten zufrieden sind.

Begründung:
Siehe Beispiel von Herrn Müller und seinem Hund.

Wenn Ihr Hund fremde Menschen bedroht, dürfen Sie ihn weder schimpfen, strafen noch beruhigen. Dies steigert nur seine Aggression. Führen Sie den Hund aus der Situation, ohne direkt auf ihn einzugehen. Mit einem Verhaltenstraining kann man dies gefährliche Fehlverhalten in den Griff bekommen.

Recht

Ulrike Falbesaner

Straßenverkehrsordnung (§ 28 Abs. 1)

Die Straßenverkehrsordnung regelt nicht nur, wie sich Pkws und Fahrradfahrer auf den Straßen zu verhalten haben, sondern sie legt auch bestimmte Regeln fest für Fußgänger, die Hunde führen.
So besteht gemäß § 28 Abs. 1 der Straßenverkehrsordnung ein generelles Fernhaltegebot für Hunde von der Straße, d.h. Autos, Fahrradfahrer und Fußgänger haben Vorrang. Das bedeutet aber nicht, daß Hunde auf der Straße nicht zugelassen sind, diese müssen jedoch von einer geeigneten Person geführt werden, die ausreichend Einwirkung auf das Tier hat.

Auf stark befahrenen Straßen muß jeder Hund angeleint geführt werden. Auf Straßen mit wenig Verkehr können Hunde durch Zuruf oder Zeichen, d.h. also freilaufend geführt werden. Sie müssen hierfür natürlich gehorchen. In vielen Gemeinden ist gemäß entsprechender Gemeindeverordnungen das angeleinte Führen in bebauten Gebieten vorgeschrieben. Bitte erkundigen Sie sich bei Ihrer Gemeinde diesbezüglich.
Da Fußgänger außerhalb geschlossener Ortschaften immer links gehen müssen (also dem Fahrverkehr entgegen), wird auch der Hund hier links geführt (vom Fahrverkehr weg). Hieraus hat sich übrigens das im Hundesport übliche Linksführgebot entwickelt. Vom Fahrrad aus gilt beim Mitführen eines Hundes das Rechtsführgebot, da Fahrradfahrer immer die rechte Straßenseite zu benutzen haben und so der Hund wieder vom Fahrverkehr weg geführt wird.

Hunde müssen an stark befahrenen Straßen angeleint sein. *Foto: D. Döring-Schätzl*

Nicht aus tierschutzrechtlichen Gründen, sondern gemäß der Straßenverkehrsverordnung ist es verboten, seinen Hund freilaufend von einem Kraftfahrzeug aus, auch einem geparkten Kraftfahrzeug, zu führen, da im Bedarfsfall der Hundehalter hier wiederum eindeutig nicht schnell genug und ausreichend auf seinen Hund einwirken könnte.

Bei stark befahrenen Straßen muß der Hund angeleint geführt werden. Am besten führen Sie den Hund auf der vom Verkehr abgewandten Seite. Wenn Sie auf der Landstraße zu Fuß gehen, führen Sie den Hund daher auf der linken Seite (Linksführgebot außerhalb geschlossener Ortschaften) und vom Fahrrad aus rechts (Rechtsführgebot). Es ist verboten, einen Hund von einem Kraftfahrzeug aus zu führen.

Tierhalterhaftung (§ 833 Bürgerliches Gesetzbuch, BGB)

Da ein Hund nicht vorsätzlich oder fahrlässig handeln kann, haftet der Hundehalter grundsätzlich immer für den Schaden, den sein Hund im weitesten Sinne verursacht hat, auch wenn er selbst keine Schuld hatte. Da bei Hunderaufereien bereits die Anwesenheit eines Hundes der Auslöser für aggressives Verhalten beim anderen Hund sein kann, wird normalerweise der Schaden gegenseitig angerechnet. Dies bedeutet, daß der Besitzer des gutartigen Hundes fast nie zu 100% Schadenersatz erhält, sondern nur anteilig bis zu 50%. Wenn ein schuldhaftes Verhalten seitens des Tathunde-Besitzers vorliegt, wie z.B. Nichteinhaltung eines Leinen- oder Maulkorbzwanges bei einem aggressiven Hund, kann der Geschädigte auf Verschuldenshaftung (§ 823 / I BGB) klagen.
Bei Haltung eines sogenannten Funktionshundes (Blindenhund, Polizeihund, Rettungshund, ausgebildeter Jagdhund des Berufsjägers) ist das Gefährdungshaftungs-Prinzip durchbrochen: d. h. wird jemand durch einen Funktionshund geschädigt, muß dessen Besitzer nur eventuell Schadenersatz leisten, wenn er schuldhaft gehandelt hat und seine Sorgfaltspflicht verletzt hat. Die Beweislast liegt beim Geschädigten.

Der Hundehalter haftet grundsätzlich immer für den Schaden, den sein Hund im weitesten Sinne verursacht hat, auch ohne eigenes Verschulden. Bei Hunderaufereien wird der Schaden normalerweise 50:50 angerechnet, unabhängig davon, welcher Hund der Verursacher war, da allein die Anwesenheit eines anderen Hundes aggressives Verhalten provozieren kann.

Ordnungswidrigkeitengesetz (OWiG, § 121)

Ein Hundebesitzer begeht ein „deliktisches Verwaltungs-Unrecht“, wenn er seinen „bösartigen“ Hund frei herumlaufen läßt (1.000 DM Geldbuße). Bösartig ist ein Hund auch dann, wenn er einen Menschen anfällt, ohne ihn zu verletzen. Die Beweislast liegt wiederum beim Geschädigten bzw. Beschwerdeführer.

Bayerisches Jagdschutzgesetz (§ 42 / I)

In Bayern darf ein Jäger einen Hund nur töten, wenn dieser **erkennbar** dem Wilde nachstellt oder dieses gefährdet. In einigen anderen Bundesländern

Wenn Ihr Hund Wild hinterher läuft, kann er vom Jäger erschossen werden.

ist die gesetzliche Tötungserlaubnis bereits gegeben, wenn sich die Hunde außerhalb der Einwirkung ihrer Führer befinden.

In Bayern darf ein Jäger einen Hund nur töten, wenn dieser erkennbar dem Wilde nachstellt.

Tollwutverordnung (Neufassung vom 11.04.2001)

Gemäß § 7 hat die zuständige Behörde bei seuchenverdächtigen Hunden oder Katzen die Tötung und unschädliche Beseitigung anzuordnen. Bei nachweislich unter wirksamem Impfschutz stehenden Haustieren kann die Behörde jedoch auch die Beobachtung bis zur Bestätigung oder Beseitigung des Verdachts anordnen. Ferner kann sie gemäß § 9 (Schutzmaßnahmen) die unverzügliche erneute Impfung gegen Tollwut anordnen. Im Einzelfall kann die Behörde für nicht unter wirksamem Impfschutz stehenden Hunden und Katzen von der sofortigen Tötung absehen, wenn die Tiere sofort für mindestens drei Monate sicher eingesperrt werden und Belange der Seuchenbekämpfung nicht entgegenstehen.
Ist der Ausbruch oder der Verdacht des Ausbruchs der Tollwut bei einem Haustier oder einem wild lebenden Tier amtlich festgestellt worden und kann eine Ausbreitung nicht ausgeschlossen werden, so kann die zuständige Behörde in einem Radius von 40 Kilometern dieses Gebiet zum tollwutgefährdeten Bezirk erklären (§ 8). In diesem Gebiet dürfen schutzgeimpfte Hunde freilaufend geführt werden, wenn sie zuverlässig gehorchen. Das freilaufende Führen der Hunde ist nur dann zulässig, wenn sie ein Halsband oder Brustgeschirr tragen, an dem eine Steuermarke oder ein Anhänger mit Name und Adresse des Besitzers angebracht ist (§ 5).

In einem tollwutgefährdeten Bezirk müssen freilaufend geführte Hunde schutzgeimpft sein, zuverlässig gehorchen und ein Halsband mit Steuermarke oder Adresse des Besitzers tragen.

Strafgesetzbuch

Wenn ein Hund eine Person beißt oder anderweitig verletzt, z.B. durch Kratzen oder Umwerfen, gilt dies als Tatbestand der fahrlässigen Körperverletzung und ist strafbar. Auch wenn ein Hund eine Person anspringt oder anbellt und die Person, z.B. ein Kind, dadurch einen psychischen Schaden davonträgt, ist der Tatbestand der fahrlässigen Körperverletzung erfüllt (§§ 223, 230 StGB).

Auch wenn Ihr Hund Passanten aus Freude anspringt, kann dies eine fahrlässige Körperverletzung bedeuten.

Die Straftat der vorsätzlichen, gefährlichen Körperverletzung begeht ein Hundebesitzer, der seinen Hund auf eine andere Person hetzt und dessen Hund die Person beißt oder verletzt. Der Hund wird im Rechtssinne einer Waffe oder einem gefährlichen Werkzeug gleichgestellt. Die Straftat der Sachbeschädigung ist gegeben, wenn der gehetzte Hund die Kleidung der Person beschädigt (§§ 223, 223a StGB). Beschädigt der nicht gehetzte Hund von sich aus die Kleidung eines Gebissenen, so ist der Tatbestand nicht erfüllt, weil eine fahrlässige Sachbeschädigung nicht strafbar ist. Wegen eventueller Schadensersatzansprüche sollten Sie generell eine Haftpflichtversicherung für Ihren Hund abschließen.

Der strafbare Tatbestand der fahrlässigen Körperverletzung kann bereits dann gegeben sein, wenn ein Hund eine Person anspringt oder anbellt und die Person (z.B. ein Kind) dadurch ein psychisches Trauma erleidet.

Verunreinigung durch Kot

Kotet ein Hund auf öffentlichen Spiel- und Liegewiesen, Kinderspielplätzen oder Gehwegen, wird der Kot abhängig vom Ort der Ablagerung unter den Abfallbegriff des § 1 Satz 1 Alternative 2 Abfallgesetz (AbfG) vom 27. August 1986 eingeordnet. Hundekot ist im Sinne des § 1 AbfG eine bewegliche Sache, deren sich der Hundehalter entledigen will. § 1/ 1 Alt. 2 AbfG gebietet eine geordnete Entsorgung zur Wahrung des Wohls der Allgemeinheit. Hingegen macht sich laut § 326 / 1, IV Strafgesetzbuch (StGB) vom 10. März 1987 derjenige wegen fahrlässiger umweltgefährdender Abfallbeseitigung strafbar, der unbefugt Abfall, der Erreger gemeingefährlicher und übertragbarer Krankheiten bei Mensch oder Tieren enthalten oder hervorbringen kann, (...) außerhalb einer dafür zugelassenen Anlage ablagert.

Kot auf der Spiel- oder Liegewiese kann den Hundehalter teuer zu stehen kommen.

Das Abkoten des Hundes beziehungsweise die Nichtentfernung des Kotes kann den Tatbestand einer Ordnungswidrigkeit erfüllen und ist somit bußgeldpflichtig, wenn der Hundehalter zur Beseitigung verpflichtet ist. Andererseits kann z.B. Kot im Rinnstein beziehungsweise auf der Straße auch als außergewöhnliche, nicht bußgeldfähige Verschmutzung eingestuft werden. Dies kann nach den jeweiligen Straßenordnungen der einzelnen Städte und Gemeinden unterschiedlich geregelt sein, wobei der Hundehalter verpflichtet ist, sich hieran zu halten.

Wenn ein Hundehalter den Kot seines Hundes auf einer Spiel- oder Liegewiese nicht entfernt, kann dies als fahrlässige umweltgefährdende Abfallbeseitigung mit Geldbuße geahndet werden.

Lärmbelästigung durch Bellen

Nach § 117 OwiG (Unzulässiger Lärm) handelt ordnungswidrig, wer ohne berechtigten Anlaß oder in einem unzulässigen oder nach den Umständen vermeidbaren Ausmaß Lärm erregt, der geeignet ist, die Allgemeinheit oder die Nachbarschaft erheblich zu belästigen oder die Gesundheit eines anderen zu schädigen. Tierlärm wird durch das Bundesimmissionsschutzgesetz (BImSchG) vom 15. März 1974 nicht explizit erfasst. Die Regelung von Lärmbelästigung bleibt so den Ländern überlassen. Die Lärmverordnung von Rheinland-Pfalz regelt z.B., daß grundsätzlich eine Nachtruhe von 22 – 6 Uhr und eine Mittagsruhe von 13 – 15 Uhr einzuhalten ist. Das Bayerische Immissionsschutzgesetz vom 08. Oktober 1974 beinhaltet dagegen keine entsprechende Regelungen, sondern überläßt es den Gemeinden, entsprechende Verordnungen über das Halten von Haustieren zu erlassen.
Gegen berechtigte Störungen durch Hundegebell kann zivilrechtlich vorgegangen werden. Eine Klage auf Unterlassung gemäß § 1004 BGB (Beseitigungs- und Unterlassungsanspruch) oder gemäß § 906 BGB (Zuführung unwägbarer Stoffe) ist möglich. Eine gerichtliche Anordnung zur Störungsbeseitigung kann das Festlegen von Bellzeiten sein, z.B. von 8 – 13 Uhr und 15 – 19 Uhr, wobei das Bellen jedoch nicht länger als 10 Minuten am Stück und maximal 30 Minuten pro Tag dauern darf.

Grundsätzlich sind Hunde so zu halten, daß durch den von ihnen verursachten „Lärm“ niemand mehr als nur geringfügig belästigt wird. Gegen berechtigte Störungen durch Hundegebell kann zivilrechtlich vorgegangen werden. Eine Klage auf Unterlassung gemäß § 1004 BGB (Beseitigungs- und Unterlassungsanspruch) oder gemäß § 906 BGB (Zuführung unwägbarer Stoffe) ist möglich.

Tierschutz-Hundeverordnung (02.05.2001)

Diese Verordnung gilt für das Halten und Züchten von Hunden und löst die Verordnung über das Halten von Hunden im Freien von 1974 ab. Die §§ 2 – 9 regeln die Haltung und Unterbringung von Hunden im Freien, in Räumen, im Zwinger oder in Anbindehaltung.
So ist nach § 2 einem Hund ausreichend Auslauf im Freien außerhalb eines Zwingers oder einer Anbindehaltung sowie ausreichend Umgang mit der Betreuungsperson zu gewähren.

In Anbindehaltung müssen Hunde z.B. eine Schutzhütte haben; der Bewegungsspielraum muß an einer mindestens 6 m langen Laufvorrichtung seitlich mindestens 5 m betragen.
Neu ist das Ausstellungsverbot (§ 10) von Hunden, bei denen Körperteile (Ohren, Rute) zum Erreichen bestimmter Rassemerkmale vollständig oder teilweise amputiert wurden (ab Mai 2002). Neu ist ebenfalls, daß nach § 11 (Aggressionssteigerung) bei den Rassen Pitbull Terrier, Staffordshire Bullterrier, American Staffordshire Terrier und Bullterrier sowie deren Kreuzungen von einem übersteigerten Angriffs- und Kampfverhalten auszugehen ist. Diese Verordnung tritt am 1. September 2001 in Kraft. (Stand Juni 2001)

Diese Verordnung regelt die Haltung und Unterbringung von Hunden im Freien, in Räumen, im Zwinger oder in Anbindehaltung. Neu ist das Ausstellungsverbot (§ 10) von Hunden, bei denen Körperteile (Ohren, Rute) zum Erreichen bestimmter Rassemerkmale vollständig oder teilweise amputiert wurden (ab Mai 2002). Neu ist ebenfalls, daß nach § 11 (Aggressionssteigerung) bei den Rassen Pitbull Terrier, Staffordshire Bullterrier, American Staffordshire Terrier und Bullterrier sowie deren Kreuzungen von einem übersteigertem Angriffs- und Kampfverhalten auszugehen ist.

Gesetz zur Bekämpfung gefährlicher Hunde (12.04.2001)

Artikel 1 des Gesetzes regelt vor allem den Import gefährlicher Hunde in das Inland. Ein Einfuhrverbot besteht für die Hunderassen Pitbull Terrier, American Staffordshire Terrier, Bullterrier, Staffordshire Bullterrier und alle nach Landesrecht als gefährlich eingestuften Rassen sowie Kreuzungen mit den genannten Tieren (ab 1. Januar 2002; Strafe 5.000 Euro). Artikel 2 des Gesetzes beinhaltet die Änderung des Tierschutzgesetzes. So ist zukünftig nicht nur das widerrechtliche Handeln oder Züchten, sondern auch das unerlaubte Halten gefährlicher Hunde unter Strafe gestellt. Freiheitsstrafe bis zu 2 Jahren oder Geldstrafe drohen demjenigen, der sich einen gefährlichen Hund ohne die erforderliche Genehmigung oder entgegen einer vollziehbaren Untersagung hält.
Das nach Landesrecht zuständige Ministerium hat in Zukunft die Möglichkeit per Rechtsverordnung einen „Sachkundenachweis" unter anderem auch von privaten Hundehaltern zu verlangen. Die näheren Einzelheiten hinsichtlich der Fragen, welche Hundehalter in welcher Form den Sachkundenachweis zu erbringen haben, wird das Ministerium in einer Rechtsverordnung erst noch festlegen. (Stand Juni 2001)

Einfuhrverbot besteht für die Rassen Pitbull Terrier, American Staffordshire Terrier, Bullterrier, Staffordshire Bullterrier und alle nach Landesrecht als gefährlich eingestuften Rassen sowie Kreuzungen mit den genannten Tieren (ab 1. Januar 2002).

„Kampfhunde"-Verordnung

Im Juli 1992 hat das Bayerische Staatsministerium des Innern die Verordnung über Hunde mit gesteigerter Aggressivität und Gefährlichkeit gemäß Art. 37 des Landesstraf- und Verordnungsgesetzes erlassen. Die Haltung der Rassen der sogenannten Kategorie I Pitbull Terrier, American Staffordshire Terrier, Staffordshire Bullterrier, Tosa Inu und Bandog oder Mischlinge aus diesen Rassen bedürfen der Erlaubnis der zuständigen Ordnungsbehörde. Die Erlaubnis darf nur erteilt werden, wenn der Antragsteller ein berechtigtes Interesse nachweist, gegen seine Zuverlässigkeit keine Bedenken bestehen und Gefahren für Leben, Gesundheit, Eigentum oder Besitz nicht entgegenstehen.
Für die sogenannten Kategorie-II-Rassen oder Mischlinge aus diesen Rassen kann der Hundehalter bei der Gemeinde bzw. Stadt eine Befreiung von der Erlaubnispflicht beantragen. Der Hundehalter hat hierfür anhand eines Sachverständigengutachtens nachzuweisen, daß sein Hund nicht gesteigert aggressiv und

gefährlich ist, und erhält dann von der Gemeinde ein sogenanntes Negativzeugnis für seinen Hund. Hat der Hundehalter dieses Negativzeugnis in den Händen, ist sein Hund ab sofort jeder anderen Rasse gleich gestellt, er muß z.B. keine erhöhte Hundesteuer mehr entrichten.

Diese Rassen sind: Bullmastiff, Bullterrier, Dogo Argentino, Bordeaux-Dogge, Fila Brasiliero, Mastiff, Mastin Espanol, Mastino Napolitano, Rhodesian Ridgeback.

Es reicht nicht, wenn Sie als Hundehalter dieser Rassen (oder Mischlinge dieser Rassen) Ihren Hund mit Rasseangabe lediglich beim Steueramt anmelden. Als Hundehalter sind Sie verpflichtet, sich zu erkundigen, ob Ihr Hund einer genehmigungspflichtigen Rasse angehört und Sie müssen dann von sich aus eine Haltungserlaubnis bei der Gemeinde (Ordnungsamt) beantragen, andernfalls machen Sie sich strafbar (20.000 DM Geldbuße).

Laut Pressemitteilung des Bayerischen Staatsministeriums des Innern vom 29. Juni 2001 ist beabsichtigt, folgende Rassen in die sog. Kategorie-II-Liste aufzunehmen: American Bulldog, Alano, Cane Corso, Perro de Presa Canario, Perro de Presa Mallorquin und Rottweiler. Die Rasse Rhodesian Ridgeback wird aus der Liste gestrichen. (Stand Juni 2001)

Die Haltung der Rassen Pitbull Terrier, American Staffordshire Terrier, Staffordshire Bullterrier, Tosa Inu und Bandog oder Mischlinge aus diesen Rassen bedürfen der Erlaubnis der zuständigen Ordnungsbehörde. Die Erlaubnis darf nur erteilt werden, wenn der Antragsteller ein berechtigtes Interesse nachweist, gegen seine Zuverlässigkeit keine Bedenken bestehen und Gefahren für Leben, Gesundheit, Eigentum oder Besitz nicht entgegenstehen. Für die Rassen Bullmastiff, Bullterrier, Dogo Argentino, Bordeaux-Dogge, Fila Brasiliero, Mastiff, Mastin Espanol, Mastino Napolitano, Rhodesian Ridgeback oder Mischlinge aus diesen Rassen kann der Hundehalter bei der Gemeinde bzw. Stadt eine Befreiung von der Erlaubnispflicht beantragen. Er erhält dann ein sogenanntes Negativzeugnis.

Der Hundehalter ist verpflichtet, sich zu erkundigen, ob sein Hund einer genehmigungspflichtigen Rasse angehört und muß dann von sich aus eine Haltungserlaubnis bei der Gemeinde (Ordnungsamt) beantragen, andernfalls macht er sich strafbar.

Anhang

Rasseeinteilung

Hildegard Jung

Schutz- und Wachhunde

Diese 8 Rassen werden traditionell in den Polizeidienstvorschriften der Länder als geeignete Diensthunde aufgeführt:

Deutscher Schäferhund
Boxer
Rottweiler
Dobermann
Riesenschnauzer
Airedale Terrier
Hovawart
Bouvier

Doch auch andere Rassen kommen vereinzelt zum Einsatz, so beispielsweise der Malinois. Als Gebrauchshunde wählt man Welpen bzw. Hunde aus Arbeitslinien.

Herdenschutzhunde

Diese regionalen Hirtenhundrassen sind keine Hütehunde, sie verteidigen die Herde ausschließlich vor Feinden wie Wölfen, Kojoten oder streunenden Hunden. In der Regel sind diese Hunde weiß oder zumindest hell, um sie vom Wolf unterscheiden zu können.

Anatolischer Hirtenhund: Akbash, Karabash, Kangal
Kaukasischer Owtscharka
Komondor
Kuvasz
Maremmenhund
Pyrenäen Berghund
Sarplaninac

Jagdhunde

Neben den Jagdhundrassen, die regelrecht als spezialisierte Jagdgehilfen ausgebildet werden, findet man bei sehr vielen anderen Rassen und Mischlingen nach wie vor die Anlage zu jagen.
Folgende Gruppen zählen in Deutschland zu den geprüften Jagdgebrauchshunden:
Laufhunde wie Deutsche und Tiroler Bracke

Vorstehhunde: Deutsch Kurz-, Lang-, Rauhhaar, Griffon, Kleiner und Großer Münsterländer, Pudelpointer, Weimaraner
Schweißhunde wie Hannoverscher Schweißhund, Bayerischer Gebirgsschweißhund
Britische Jagdhunde: Pointer, Setter-, Retriever- und Spaniel-Rassen
Bau- oder Erdhunde:
Sie gehen auf der Jagd in den Dachs- oder Fuchsbau:
Lang-, Kurz- und Rauhhaardackel
Jagd- und Foxterrier

Bei Rassen, die ursprünglich aus dem Ausland kommen und hierzulande nicht zur Jagd eingesetzt werden, vergißt man leicht ihre Jagdveranlagung wie beispielsweise bei den Windhunden, dem Rhodesian Ridgeback oder dem Vizsla (Ungarische Bracke).

Empfehlenswerte Bücher

Folgende Bücherliste erhebt selbstverständlich nicht den Anspruch auf Vollständigkeit. Am besten gehen Sie in einen Buchladen und sehen sich die Bücher vor dem Kauf an, um zu entscheiden, welche Ihnen am meisten zusagen.

Zum Thema Körpersprache und Hundeverhalten allgemein:

- Feddersen – Petersen, D.: Hunde und ihre Menschen. Franckh-Kosmos (1992).
- Feddersen – Petersen, D.: Hundepsychologie. Franckh-Kosmos (2000).
- Hallgren, A.: Lehrbuch der Hundesprache. Oertel und Spörer (1995).
- Zimen, E.: Der Hund. Goldmann (1992).

Zum Thema Erziehung:

- Ditesheim, J. A.: Der Familien-Begleithund. Etzel-Verlag AG (2000).
- Jones, R.: Welpenschule leichtgemacht. Franckh-Kosmos (1999).
- Mugford, R.: Hundeerziehung 2000: Irrtumsfreies Lernen. Kynos Verlag (1992).
- Narewski, U.: Welpen brauchen Prägungsspieltage. Oertel und Spörer (1998).
- Pryor, K.: Positiv verstärken - sanft erziehen. Franckh-Kosmos (2000).
- Rehage, F.: Lassie, Rex & Co. Kynos-Verlag (1999).
- Weidt, H., Berlowitz, D.: Spielend vom Welpen zum Hund. Naturbuch Verlag (1996).

Zum Thema Auslastung / Spiel:

- Durst-Benning, P., Kusch, C.: Der große Spiele-Spaß für Hunde. Franckh-Kosmos (1997).

Zum Thema Probleme:

- HALLGREN, A.: Hundeprobleme-Problemhunde? Ratgeber für die bessere Erziehung. Oertel und Spörer (1997).
- HEIDENBERGER, E.: Ratgeber Hundepsychologie. Augustus Verlag (2000).
- NEVILLE, P.: Hunde verstehen. Tierpsychologie im Alltag. Droemersche Verlagsanstalt (1993).

Ansprechpartner

Namen und Adressen von Tierärztinnen und Tierärzten, die sich auf Verhaltenskunde und Verhaltenstherapie spezialisiert haben, erfahren Sie bei:

Bayerische Landestierärztekammer

Bavariastr. 7 a
D-80336 München
Tel.: 089 / 21 99 08 0
Fax: 089 / 21 99 08 33
E-mail: kontakt@bltk.de

Institut für Tierschutz, Verhaltenskunde und Tierhygiene der Tierärztlichen Fakultät der Ludwig-Maximilians-Universität München

Schwere-Reiter-Str. 9
D-80797 München
Tel: 089 / 15 92 78 0 oder 15 92 78 10
Fax: 089 / 15 78 277
E-mail: Institut@tierhyg.vetmed.uni-muenchen.de

Danksagung

Allen, die zum Gelingen des Projektes „Hundeführerschein – Grundwissen Gefahrenvermeidung im Umgang mit Hunden“ beigetragen haben, sei herzlich gedankt!

An die Mitglieder des **Arbeitskreises Hundeführerschein:**
Unser Dank gilt insbesondere Frau Dr. Ursula Bonengel und Frau Dr. Andrea Kleist für die kritische Durchsicht und die konstruktiven Beiträge.

Ganz besonders danken möchten wir Frau Dr. Pia Geppert von der Bayerischen Landestierärztekammer, die uns weit über organisatorische Belange hinaus unterstützte und wertvolle Anregungen für das Manuskript lieferte.

Des weiteren geht unser Dank an Frau Dr. Michaela Schneider und Herrn Dr. Siegfried Platz sowie an Frau Dr. Sandra Schönreiter und Frauke Köhler für ihre Hilfe.

Ganz herzlichen Dank auch an Claudia Peter und Diana Weber für die Mithilfe beim Erstellen des Schulungsmaterials.

An unsere beiden **Kooperationspartner:**
Das Institut für Tierschutz, Verhaltenskunde und Tierhygiene der Ludwig-Maximilians-Universität München:
Herrn Professor Dr. Rudolf Stolla danken wir für die Unterstützung.
Ganz besonders bedanken wir uns bei Herrn Professor Dr. Michael Erhard für die in jeder Hinsicht gewährte Hilfe und stete Aufmunterung.

Die Bayerische Landestierärztekammer:
Unser Dank richtet sich an den Präsidenten der Bayerischen Landestierärztekammer, Herrn Prof. Dr. Günther Pschorn, sowie an den Vizepräsidenten Herrn Dr. Theo Mantel für die gute Zusammenarbeit und gewährte Unterstützung.

Register